人口減が地方を強くする

藤波 匠

日経プレミアシリーズ

目次

第2章

第6章

序　章

「地方消滅」への恐れが日本を誤らせる

「地方消滅」論のインパクト

おおよそ半数の自治体が消滅の危機にあるとする「地方消滅」論を受け、政府では人口減少の本格化を前に、担当大臣を置き、「地方創生」に本腰を入れ始めました。地方自治体に人口ビジョンを作らせ、人口減少の流れを押しとどめるための総合戦略を策定し、実践することを求めています。

地方消滅から地方創生への一連の政策形成の根底にあるのは、出生率の低い東京への人口の一極集中が、地方の衰退を加速させているばかりか、国全体の出生率を人口の維持が困難な水準にまで押し下げているという発想です。政府は、東京への人口集中を緩和し、現在年間10万人に達する東京圏への転入超過をゼロにするとの政策目標を掲げました。地方が作る総合戦略は、それを達成するために必要な政策集との位置づけです。

「若い世代が地方に定着することが、わが国の持続的な発展につながる」

この考え方は、東京をはじめとする大都市に以前のような国全体を引っ張るだけの経済成長が想定できず、閉塞感に覆われている現状から生じた、ある種地方に救いを求める政策であり、戦後日本がたどった成長モデルに対するアンチテーゼとみることができます。

敗戦により国土が荒廃し、まさにゼロからの立ち直りを強いられてからバブル崩壊までのおよそ45年間、日本は社会も経済も大きな挫折を経験することなく、人口の増加などの追い風を受けて、極めて順調に発展を遂げてきました。もちろん、オイルショックのような外的な経済的ショックはありましたが、結果的にその後日本の産業が世界に向けてさらなる飛躍を果たすきっかけともなりました。製造業は、より省エネへと変身を遂げ、産業構造自体もサービス業が主役となるドラスティックな転換を果たしました。

その間、東京は日本の経済成長の中心として人口を集めてきました。高度成長期には大阪や名古屋も多くの人口を受け入れましたが、オイルショック以降は、三大都市圏では東京のみが人口の受け皿となりました。こうした状況が、一般に「東京への人口の一極集中」とみられているわけです。

三大都市圏の中で東京だけに人口が流入している状況は、決して今に始まったことではありませんが、バブル崩壊後に低成長が定着すると、人口の減少が先行する地域で、人口流出の悪影響が無視できない状況となりました。その結果、今般の地方創生戦略において、東京圏への転入超過をゼロにするという政策目標が掲げられるに至りました。

人口の流れを無理に変えることはできない

では、政府のもくろみどおり、地方に向けた人口の流れを生み出すことは可能なのでしょうか。

歴史的にみれば、その道のりは険しいと言わざるをえません。これまで人為的、あるいは外的な要因により東京への人口流動に変化が生じたとしても、その要因が取り除かれれば、自然と元の状況に戻ってきています。公共事業などにより地方への若い世代の定着を図っても、それが日本はもとより世界の経済や社会の大きなうねりの中で必然性が低く合理性に乏しければ、持続的な流れを生むことにはなりえません。

人口の地域間移動は、あくまで都市の経済的活力や魅力の差異により生じる結果と考えるべきものです。人は、経済成長があり、富がより多く生まれる地域に向けて流れるのが自然です。減りゆく人口が、農山漁村ではなく、一定規模の都市に集積することには合理性があります。

そもそも、「東京一極集中」と「地方消滅」という考え方は、日本が直面している人口の分布や地方都市の現状を正しく表しているとは言えません。

まず、東京への人口流入があることは確かですが、決して一極と言える状況にはなく、全国の中枢・中核都市への人口流入も見落とすべきではありません。特に福岡や仙台などの地方中枢都市は、それぞれが若い世代の受け皿の一極と言ってよい状況を呈しており、年齢別の人口比でみれば、若い世代は東京よりも集積度が高いくらいです。また、県庁所在地クラスの地方中核都市でも、周辺からの人口流入が認められます。

さらに、限界集落などの消滅も危惧されていますが、実際に消滅している集落は予想よりも少ないことがわかっており、中山間地域の人の暮らしは思いのほか持続的であると言えます。

しかも、私たちは消滅しそうな地域や集落にばかり目を奪われ、大きな人の流れを見落としている可能性があります。実は消滅集落の何倍もの規模で、新しい集落が郊外、特に都市部から離れた中山間地域を中心に生まれているという現実があります。

人口減少下、コンパクトシティが推奨されており、この考え方に誤りはありませんが、一方でインフラの整備やＩＣＴ（情報通信技術）の発展が、私たちが必ずしも都市や集落に依存しなくても暮らしていける環境を提供していると考えられます。そうしたことが、郊外に新しい集落や住宅が形成されることを後押ししているのです。

さらに言えば、こうした社会基盤の整備と発展は、人口減少が進む郊外型の集落、特に条件が不利とされてきた過疎地域をも持続的な暮らしの場へと変容させる可能性を秘めています。

人の奪い合いをあおってはいけない

東京一極集中と地方消滅という言葉はあまりにシンボリックで、私たちを冷静な議論を欠いた地方創生策に誘導してしまうでしょう。短期間で若者を過度に地方に定着させようという政府の取り組みや目標設定は、まさにこうした危惧を具現化するものであり、日本を誤った道へと導く危険性を感じます。

政府の戦略は、持続的な雇用を生み、若者を地方に定着させることを目指していますが、地方においてそうした雇用環境は一朝一夕に生み出せるものではありません。短期的な成果を求め、補助金などによる人口誘致合戦に陥ってしまうことが危惧されます。

今考えるべきは、人の奪い合いをあおることではなく、大都市、地方を問わず、たとえ人口が減少しても、より豊かに、安心して暮らすことのできる社会を築くことです。

中山間地域では、移住、定住ありきで議論を進めるのではなく、地に足の着いた取り組みで、持続的な雇用や仕事を生み出すことに注力すべきです。これによって、短期的には地方の人口減少を抑制することはできないかもしれませんが、それでも都市以外のエリアで持続的に暮らしていける人を一定数維持していくことが可能となるでしょう。さらに、最新の技術革新を導入することなどにより、社会の仕組みを変え、人口が減っても暮らしの利便性と快適性を低下させることなく、だれもが暮らし続けられる社会基盤を整えることもできるはずです。

そうした新しい発想によって、地域や集落は「生き残り」などという小さなことを考えるのではなく、さらなる発展の道を模索すべきではないでしょうか。

本書では、人口減少が不可避の日本が進むべき国づくりと、地方における持続的な地域のあり方について考えます。

なお、本書で「地方」といった場合、東京に対比する意味で用いており、正確には東京圏以外のことを指します。また、「大都市」は、三大都市圏を含む全国の県庁所在都市、およびそれと同等の人口集積のある都市を指します。

さらに本書では、「中山間地域」という用語もよく出てきます。これは、都市部以外の人の居住エリアをイメージしており、平野部の農業地帯から山間部にまで広がる人の暮らしの場のことで、やや漠然とした用語として用いています。人口密度などで明確な定義があって用いているものではありません。農林水産省の定義よりやや広い概念であり、農山漁村地域と同様の意味で用いています。

第　1　章

若者は地方にもいる

「東京一極集中」の誤解

「人口の東京への一極集中、すなわち、東京が若い世代を吸収し、吸い取られる地方では、人口減少と高齢化が急速に進み、多くの地域が近い将来消滅する」

民間有識者組織である日本創成会議が示したこうした考え方は、思いのほか違和感なく国民に受け入れられたように感じます。地方の過疎化した村や限界集落と呼ばれる地域、すでに当たり前の光景となった地方の駅前に広がるシャッターばかりの商店街をみれば、そのように感じてしまっても無理もありません。

加えて日本創成会議では、出生率の低い東京への若い世代の一極集中が、国全体の出生率を人口の維持が困難な水準にまで押し下げているとも指摘しています。東京都の合計特殊出生率が、他の道府県に比べて低いのは周知のとおりで、地方に若者がいたほうが、日本の持続性を高めるとの論理展開には、一見矛盾がないように感じられます。

こうした指摘を受け、政府は地方への若者の定着を促す政策を進めようとしています。2014年に策定した、「まち・ひと・しごと創生総合戦略（以後、地方創生戦略と呼ぶ）」においてさまざまな取り組みを進めることで、新しい地方への人の流れをつくり、2020年までに東京と地方の転出入を均衡させるという目標を掲げました。

では、現在日本が置かれている状況は、本当に東京への人口の一極集中と言ってよいのでしょうか。結論から言ってしまえば、東京に若い世代が集まっている事実はあるものの、決して「一極」に相当する状況ではありませんし、その規模も地方の若い世代を根こそぎ吸い上げてしまうものでもありません。

地方から東京圏への流出はわずか10万人

まず、三大都市圏への人口流入の推移をみてみましょう。都市圏とは、東京圏のように、東京都、千葉県、埼玉県、神奈川県を一体的な地域ととらえる考え方です。一般的には、各県がそれぞれ独立した経済圏を築いているとみて差し支えありませんが、三大都市圏の場合、圏域内で交通網が発達していることもあり、歴史的に県境を越えた転居や就労、購買行動が盛んで、一体的な経済圏としてひとくくりで考えるほうが都合がよいのです。同様に、名古屋圏は愛知県、三重県、岐阜県、大阪圏は大阪府、京都府、兵庫県、奈良県をそれぞれ一体的な都市圏とします。

高度成長期には、三大都市圏への人口流入が膨れ上がり、転入超過は最大で東京圏40万人、大阪圏20万人、名古屋圏7万人となりました（図表1－1）。しかし、オイルショックによる景気の低迷にともない、大阪圏では転出超過に転じ、名古屋圏は転出と転入が拮抗し、現在までそうした状況が続いています。一方、東京圏では、増減を繰り返し、近年では10万人程度の転入超過で推移しています。三大都市圏の中で東京圏のみが転入超過を維持している状況が、「一極集中」との印象を強くさせていると考えられます。

では、この東京圏への10万人の転入超過が、地方にどれだけのインパクトを与えているのかをみてみましょう。人口流出の激しい秋田県などをみても、県境をまたぐ人口移動は、高校卒業時の18歳から、進学、就職、転勤やUターンなどがひと段落する30歳くらいまでに集中し、その後は極端に減ります（図表1－2）。30歳を超えた人の移動にだけ注目すると、おおむね差し引きゼロとなる地域が多い状況です。当然、東京圏への転入超過も、18歳から30歳の世代が中心です。

そこで、議論を簡単にするために、18歳から30歳までの世代だけで、東京圏に毎年10万人

図表 1-1　三大都市圏の転入超過数の推移

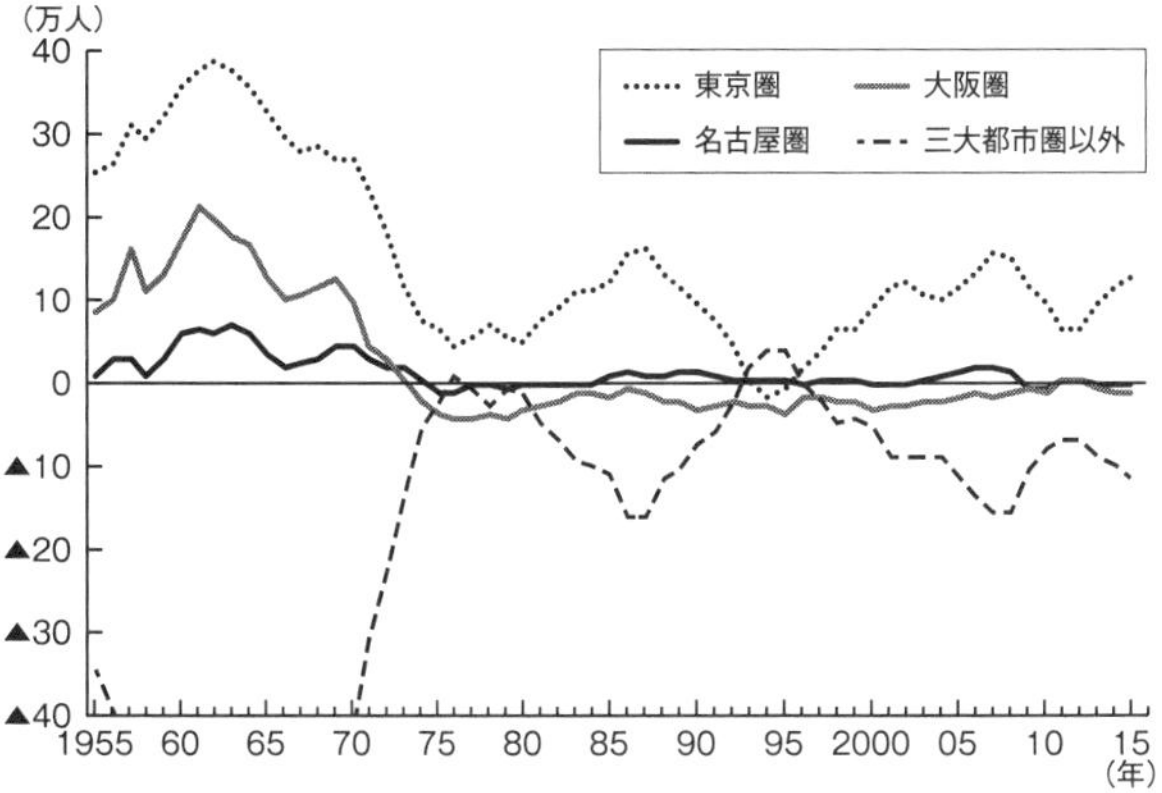

(注) 東京圏は、千葉県、埼玉県、東京都、神奈川県。名古屋圏は、愛知県、岐阜県、三重県。大阪圏は、大阪府、兵庫県、京都府、奈良県。
(資料) 総務省「住民基本台帳人口移動報告」

図表 1-2　秋田県の年齢別転入超過数（1歳階級）

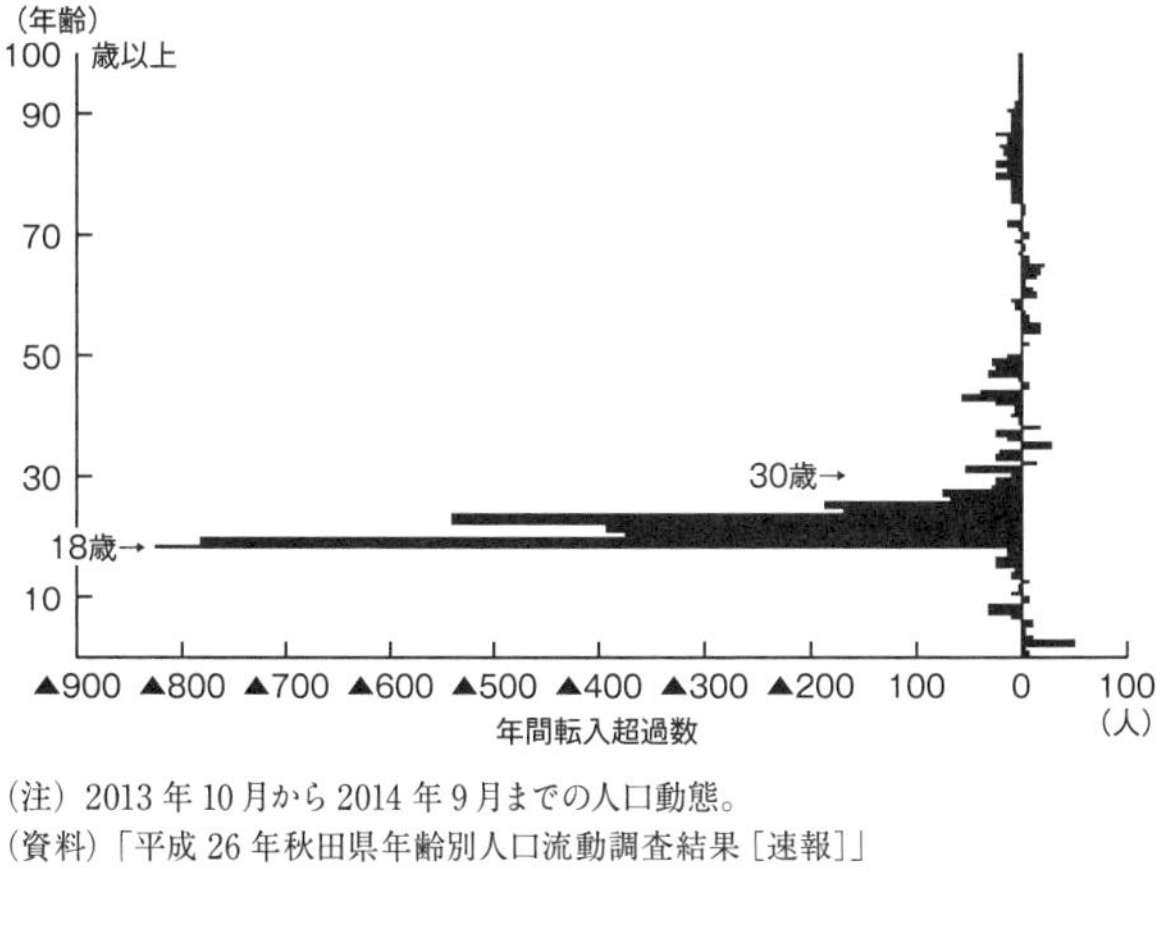

(注) 2013 年 10 月から 2014 年 9 月までの人口動態。
(資料)「平成 26 年秋田県年齢別人口流動調査結果［速報］」

図表1-3　人口移動前後の人口バランス（東京圏とそれ以外）

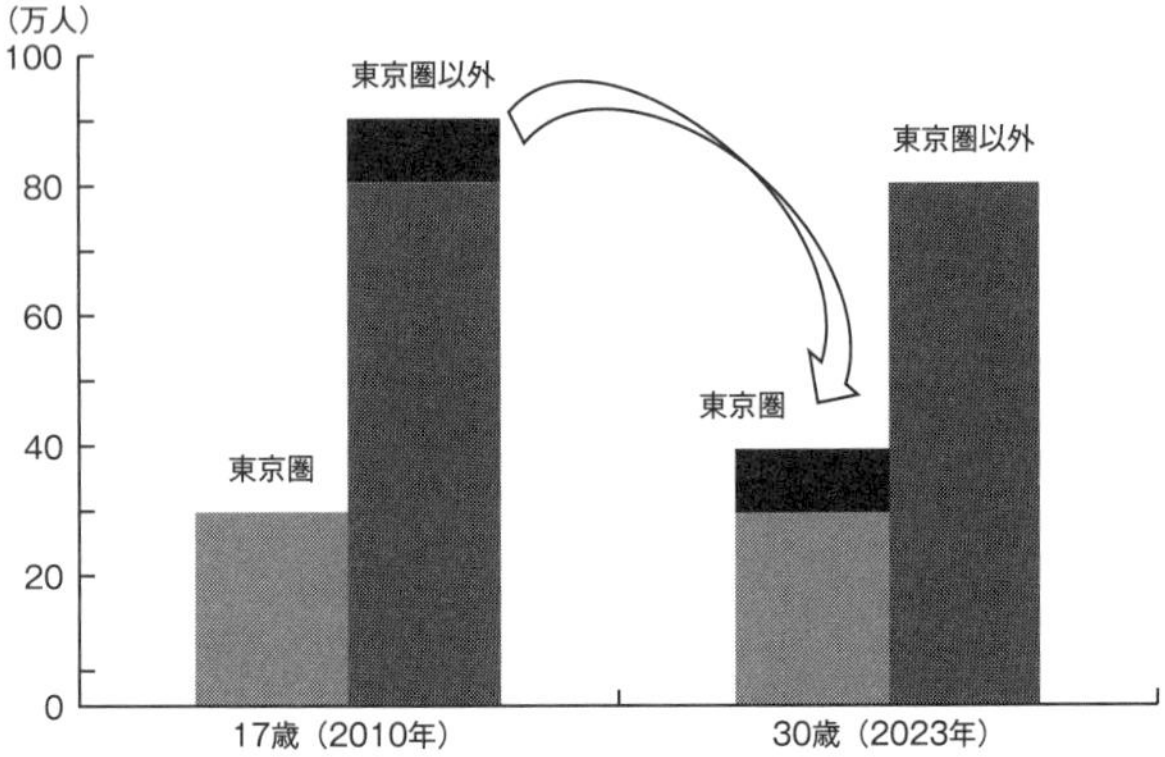

（注）東京圏は、千葉県、埼玉県、東京都、神奈川県。東京圏の転入超過は年間10万人を想定。
（資料）総務省「国勢調査（2010年）」

転入超過し続けると仮定して議論を進めます。図表1－3にあるように、2010年に17歳だった世代は全国で120万人おり、そのうち東京圏在住者は30万人、それ以外の地方在住者は90万人でした。毎年10万人が東京圏に転入超過し続けると仮定すると、彼らの世代が30歳になる2023年には、東京圏在住者が40万人、地方在住者が80万人というバランスになると考えられます。

　直感的にはわかりにくいかもしれませんが、18歳から30歳までの人が毎年10万人ずつ移動し続けるということは、同年齢の一世代に注目しても、彼らが高校卒業から30歳になるまでのおよそ13年間に、10万人が移動することと同じ意味です。

確かに、地方から10万人もの若い世代が流出していることは事実ですが、同時に、もともと地方に暮らしていた90万人のおよそ9割に相当する80万人が、30歳以降も地方に居住していることになります。地方からの1割強の人口流出に対する見方は人それぞれかもしれませんが、東京一極集中という言葉から受ける印象、例えば若い世代が東京に根こそぎ吸い取られているといった認識とは異なる実態があると考えるべきです。

秋田県、島根県でも都市には若者がいる

一般的に考えられているよりも、若い世代は地方に定着していると考えるべきですが、一方で過疎の地域や限界集落で若い世代が少なくなっていることも厳然たる事実です。では、地方出身の若い世代はどこに行ってしまったのでしょうか。

まず、2010年に実施された国勢調査に基づき、日本全体の人口ピラミッド（男女別）を示します（図表1－4）。この人口ピラミッドは、団塊の世代が中心となる60歳から64歳の世代の人口が1となるように調整してあります。ここからわかることは、団塊の世代1に

図表1-4　日本全体の人口ピラミッド
（男女別、5歳階級別人口比）

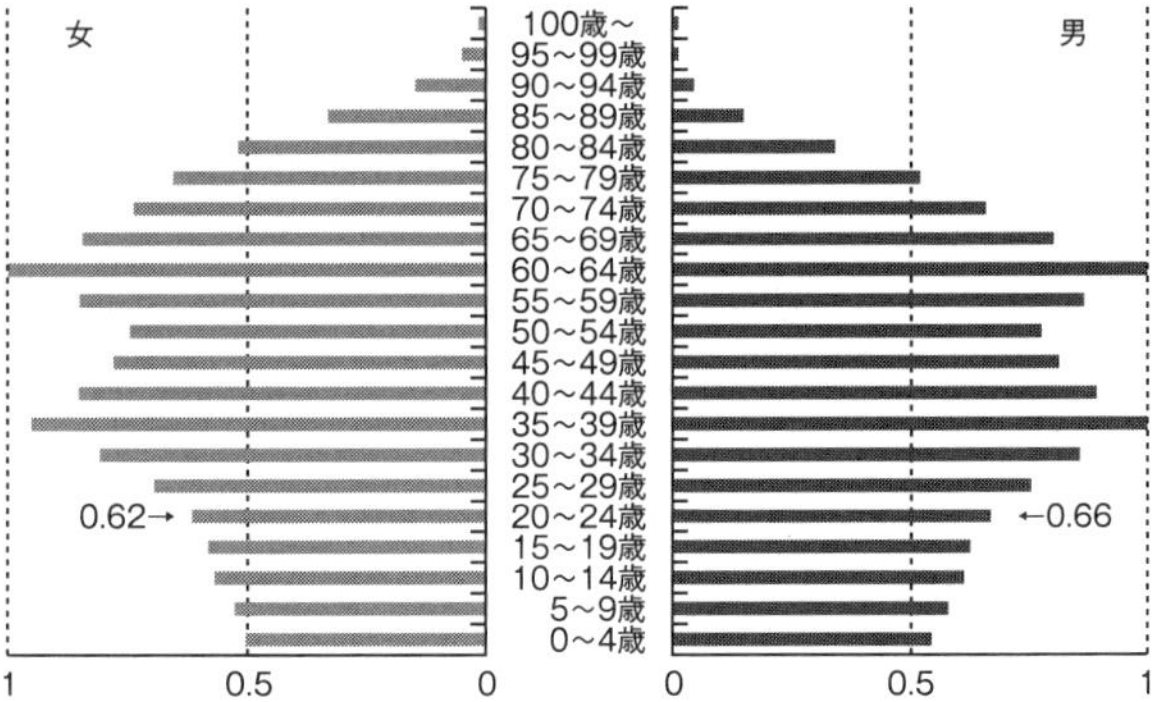

（注）団塊の世代に当たる60歳〜64歳を1とした時の人口比。
（資料）総務省「国勢調査（2010年）」

対して、20歳から24歳の世代は、すでに0・6強（女0・62、男0・66）しかいないということです。

35歳から39歳の団塊ジュニア世代までは1に近い水準にありますが、それよりも下の世代では、わずか15歳程度の年齢差にもかかわらず、世代ごとの人口のボリュームが急速にしぼんでいることがわかります。

地方からの若い世代の流出を指摘する声がありますが、そもそもこの世代は、日本全体で急速に減少しているということを念頭に置いて議論を続けていくことが必要と言えそうです。

次に、人口流出の激しい秋田県や島根県

の年齢別人口ピラミッドをみてください（図表1－5、図表1－6）。この人口ピラミッドは、左側に各県の郡部（町村）、右側に各県の県庁所在地の人口を年齢別（男女合計）に示し、かつ日本全体のものと同じように、団塊の世代が1となるように調整してあります。

図表1－5で初めにみていただきたいのが、秋田県郡部（町村）です。この地域では、団塊の世代1に対して、20歳から24歳の世代は0・34しかいません。15歳から19歳までは0・5に近い水準にありますから、20歳以上の世代が地域外に激しく流出したことがわかります。実際の人口流出は18歳から始まりますから、1歳刻みでみればもっとドラスティックな変化が起きていることがわかることでしょう。

一方、秋田県の県庁所在地である秋田市では、20歳から24歳の世代は0・57あり、わずかに流出している様子は認められるものの、全国平均に近い水準にあることから、町村のような一方的な流出には歯止めがかかっていると考えられます。

同様に、島根県の人口ピラミッドもみてみましょう（図表1－6）。島根県でも、20歳から24歳の世代は、郡部では0・33しかおらず流出傾向が顕著ですが、県庁所在地である松江市では、0・62とほぼ全国平均と同水準の若い世代の集積があることがわかります。

図表1-5 秋田県の人口ピラミッド（秋田市、秋田県郡部、５歳階級別人口比）

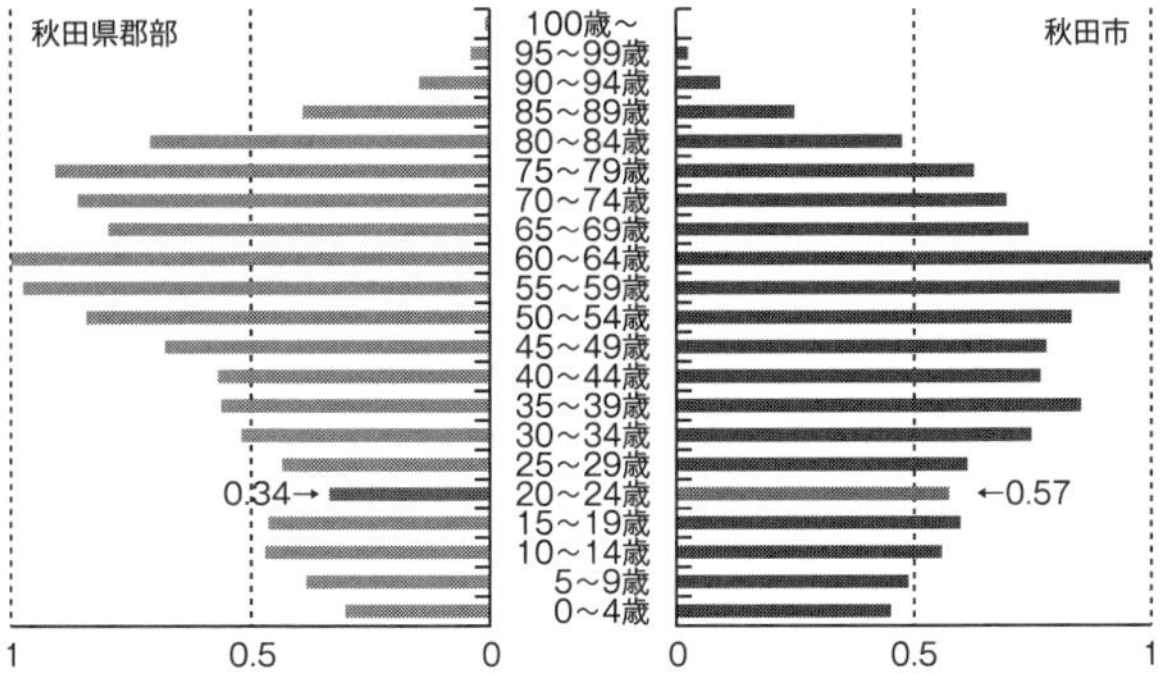

（注）団塊の世代に当たる 60 歳～ 64 歳を 1 とした時の人口比。秋田県の秋田市以外の市部は入っていない。
（資料）総務省「国勢調査（2010 年）」

図表1-6 島根県の人口ピラミッド（松江市、島根県郡部、５歳階級別人口比）

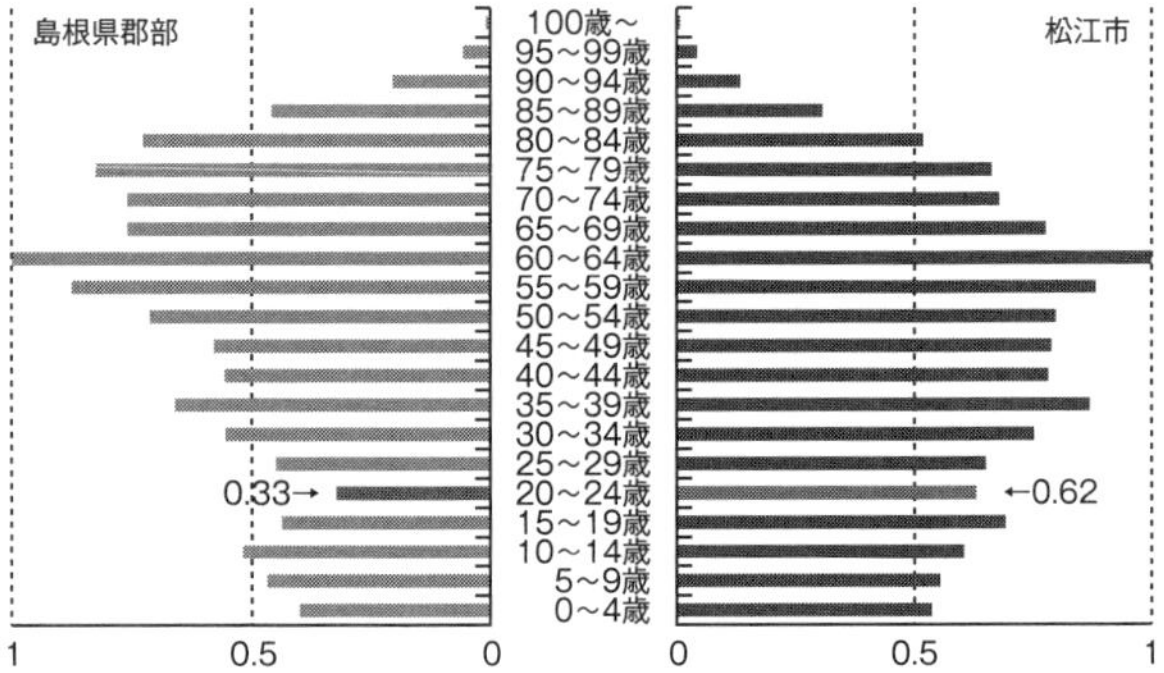

（注）団塊の世代に当たる 60 歳～ 64 歳を 1 とした時の人口比。島根県の松江市以外の市部は入っていない。
（資料）総務省「国勢調査（2010 年）」

以上より、著しい若い世代の流出がみられるのは、地方の郡部のような非都市部、言い換えれば農山漁村ということになります。一方で、県庁所在地のような都市部には、たとえ人口流出が激しい県であっても、ほぼ全国平均と同水準の若い世代の集積が認められます。もちろん、秋田市や松江市から出ていく人もいますから、県庁所在地クラスの中核都市には、その郊外部から一定の流入があると考えるのが妥当です。

仙台市、福岡市は東京よりも若者の割合が高い

同じ手法により、人口流出が秋田県ほど顕著ではない石川県や山梨県をみると、県庁所在地である金沢市や甲府市は、20歳代前半の世代がともに0・7を超えています。市域外からの流入があることは明らかです。

次に、人口流入のある宮城県や福岡県をみてみましょう。仙台市では、団塊の世代1に対し20歳代前半の世代も1です（図表1－7）。同様に福岡県でも、福岡市は20歳代前半の世代が0・97と、金沢市や甲府市以上の若い世代の集積がみられます。

実は、東京圏や東京都を同様の手法で分析すると、仙台市や福岡市ほど若い世代が集積し

図表1-7　宮城県の人口ピラミッド（仙台市、宮城県郡部、5歳階級別人口比）

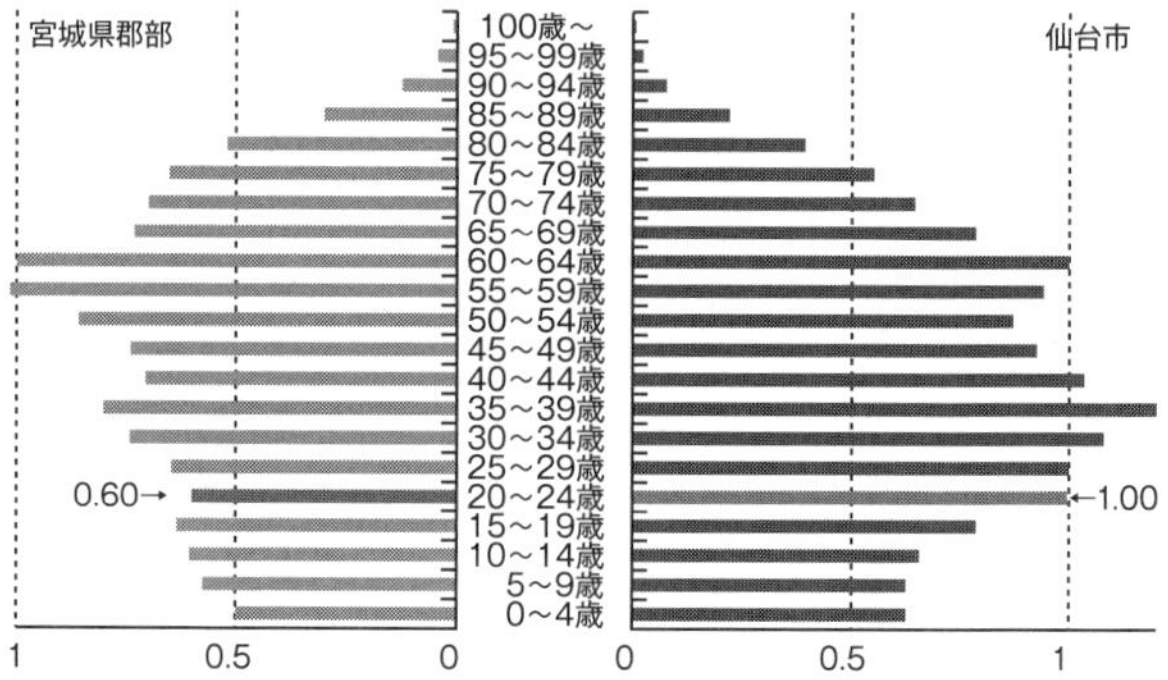

（注）団塊の世代に当たる60歳～64歳を1とした時の人口比。宮城県の仙台市以外の市部は入っていない。
（資料）総務省「国勢調査（2010年）」

図表1-8　東京圏の人口ピラミッド（5歳階級別人口比）

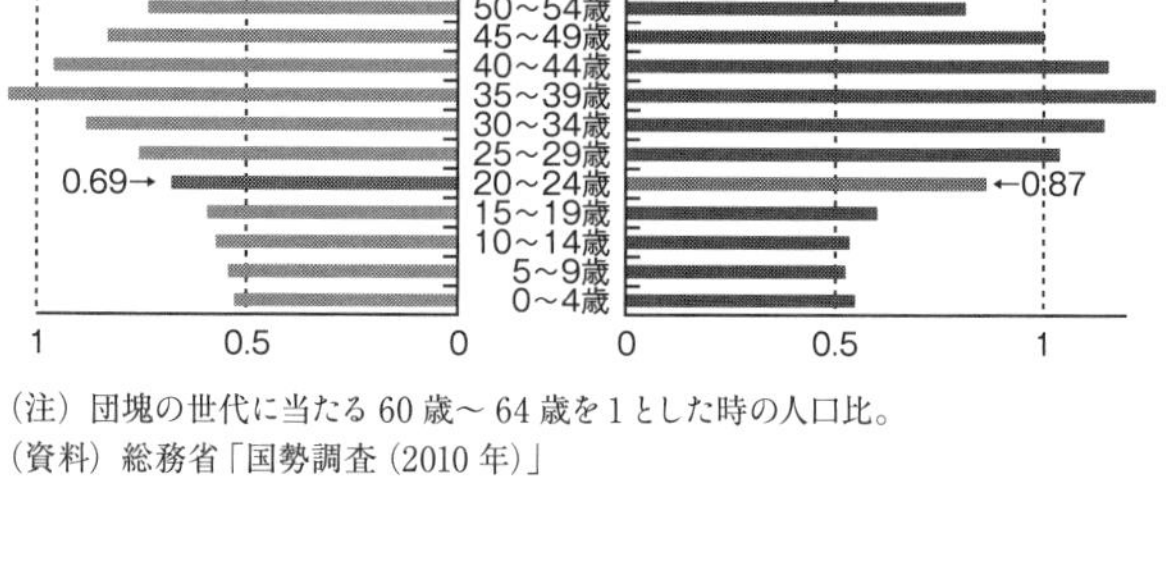

（注）団塊の世代に当たる60歳～64歳を1とした時の人口比。
（資料）総務省「国勢調査（2010年）」

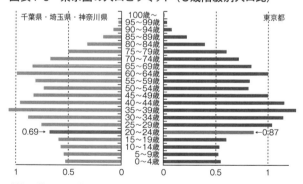

ていないことがわかります。東京都全体の人口ピラミッドでは、20歳代前半は0・87で（図表1－8）、23区だけ切り出しても差異はみられません。まして、長期にわたり人口の流入がほとんどみられない大阪圏では、大阪府を切り取ってみても、20歳代前半は0・66と全国平均と同水準に過ぎず、若い世代の集積はほとんどないことがわかります。

すなわち、福岡のような地方中枢都市は、周辺地域に対する極めて強い人口吸引力を有していると言えます。

地方中枢都市が若者を吸い上げている

ここまでの議論を整理してみましょう。

三大都市圏の中で東京圏のみに人口流入が続き、その規模も10万人と大きいことから、東京一極集中といわれています。しかし、若い世代に注目すると、「東京だけが人を集め、地方は一方的に吸い取られるだけの被害者」という単純な構図ではないことがわかります。

地方の中枢・中核都市には一定の人口吸引力があり、たとえ人口流出が続く県でも、県庁所在地クラスの都市には一定の若者の集積がみられます。さらに、仙台や福岡のような広域圏の中で中心的な都市となっている中枢都市になると、東京圏をしのぐ人口吸引力が見出せます。

実際、仙台市や福岡市に行けば、街中に若い世代があふれている光景を目にすることができます。福岡の街で地下鉄に乗ったり、中心街である天神界隈を歩いたりすると、本当に若い人が多い印象です。感覚的な議論に過ぎませんが、若者の集まるエリアが分散している東京よりも、地方中枢都市の中心部のほうが、若者の集積度がはるかに高い印象を受けることがあります。

しかも、20歳代前半より上の世代をみても、仙台市や福岡市だけではなく、金沢市や甲府市でも、２０１０年に35歳から39歳だった団塊ジュニアに該当する世代を中心に、しっかりと人口集積を維持しています。こうした都市では、たまたま大学があるからその期間だけ若い世代が集まっているのではなく、流入してきた人口ボリュームを地域に定着させるだけの産業集積などがあり、流入人材を地域経済の中にしっかりと取り込むことができていると言えるでしょう。

若者は郡部から都市部へ

このような都市部への若い世代の供給源となっているのが、地方の郡部です。若い世代の流出が続くそうした地域では、過疎や限界集落との烙印が押され、地域によっては消滅可能性が取りざたされているわけです。

ただし、地域や都市の栄枯盛衰は、ある程度やむをえない面もあります。農山漁村の多い郡部では、そもそも雇用の場が限られる中で、国内製造拠点の海外流出などにより数少ない就労の場が失われつつあり、若い世代を引きとめきれない状況にあります。

こうした経済的要因のほか、そもそも若い世代が都市的な暮らしを求めていることが、郡部からの人口流出を加速させている側面もあります。例えば、郡部出身の若者がその近隣に仕事を持っていても、出身地に暮らすのではなく、県庁所在地などの一定規模の都市に住居を構えて職場まで遠距離を通勤する例も、地方では珍しくありません。

若い世代の都市部への移動の最大の要因は、大学への進学や就職などが中心であると考えられますが、子育て環境や買い物の利便性などの都市的な住環境を求める若い世代の動きも、郡部からの人口流出を後押ししているようです。

また、20歳代前半とは異なりますが、高等学校の選択肢に乏しい地域では、長男、長女の高校進学時が1つのターニングポイントとなっているようです。以前は、高校生になっても本人だけが学生寮に入るパターンが多かったようですが、近年は高校進学のタイミングで、家族全員で都市部に転居する例が多くなっていると聞きます。こうした子どもの進学のタイミングで郊外から都市部に家族全員で移る動きは、地方郡部出身者に限らず、地方に移住してきたIターン者などにもみられる光景です。子どもの教育が地方暮らしの1つのハードルであることは、紛れもない事実です。

高齢者の地方移住策がはらむ大きな問題点

政府は、若者だけではなく、高齢者に対しても希望者には地方への移住を促す方針です。50歳代男性の半数以上が地方への移住を希望しているという政府の独自調査[注1]に基づく政策で、高齢者が地方に住めば介護などのサービス業のニーズが高まり、若い世代も地方に定着しやすくなることを期待しています。国は、全国で高齢者向けコミュニティの形成を支援する方針で、すでに名乗りを上げている自治体も複数あります。

確かに、年配者の中でも60歳前後に限ってみれば、郡部でも転入超過の自治体が目立ちます。特に西日本の自治体でこうした動きは顕著です。都道府県や国のアンケート調査などによれば、60歳前後の年配者移動の主な理由は、実家や田畑の管理のためのUターンが中心であると考えられます。

しかし、高齢者の移動は若い世代に比べ圧倒的に少なく、県内、県外を問わず、世代別の人口に対する割合は若い世代の10分の1以下です。地方出身の定年退職者は出身地にUターンするのが当たり前だと考えている人がいるかもしれませんが、実際にはそうした事例はごく限られたものであると言えます。一度冷静に身の回りを見渡してみれば、地方出身者でありながら、定年退職後に実家に戻った人は意外に少ないことを再認識することができると思います。

しかも、75歳を上回る後期高齢者では、逆に大都市への移動が増えます。その理由は、主として健康面に起因するもので、都市部に住む子どもとの同居や近居、施設への入所が中心となります。

若い世代は、都市的な暮らしを求めて県庁所在地などに移り住むため、郊外の居住者は高齢者中心です。そうした状況で郊外に住む高齢者が年を重ね、介護が必要となったり、郊外での暮らしが困難になったりする結果、都市部に暮らす子どもらによる「呼び寄せ」という行為へとつながっているとみられます。

UR（独立行政法人都市再生機構）では、こうした人口移動を踏まえ、都市近郊での「近居」という新しい発想のライフスタイルを提案しています。子世帯、高齢者世帯が一定の条件のもと、物理的に近距離のURの賃貸物件にそれぞれ入居することで、家賃の割引を受けることができる制度です。

結局、高齢者（60歳以上）全体の移動をみると、東京圏ではわずかに転出超過ですが、関東全域でみれば転入超過となります。それ以外の道府県はまちまちで、転入超過の自治体もありますが、それでも年間の転入率が0・1％を超えるのは沖縄県だけです。

自らの希望で移動する若い世代と異なり、高齢者は、実家や農地の管理が必要となったり、自らの介護が必要になったりと、必要に迫られての移動が中心です。50歳代男性の半数以上が地方移住を希望しているという政府の独自調査は、他の調査などに比べて過大評価の可能性があり、しかもその大半が実現性の低い夢を語っているに過ぎないといえそうです。

かく言う筆者も、地方移住に人並み以上の魅力を感じる口です。しかし、一般に女性のほうが移住に対する希望は低く、家族との兼ね合いなどもあり、男性も移住適齢期である60歳くらいになると、移住希望者は急減するのが常です。定年退職を控えた50歳代男性が、移住を老後の選択肢の1つとしてイメージするものの、家族の反対やその他のハードルにより徐々に移住意向をしぼませていく様子が連想されます。

そうした中で、補助金や優遇措置などにより希望する高齢者を地方に移動させようとする政府のもくろみは、一見正当性があるようにみえて、実際の需要を把握できず、受け皿を過剰に供給してしまう可能性を指摘せざるをえません。ただでさえ高齢者は、若い世代や子育て世帯に対して社会保障面で優遇され過ぎているとの指摘があります。高齢者移住政策が、そうした歪みをさらに助長する恐れがあることを見逃してはいけません。

ちなみに、高齢者の移住にともないサービス需要が高まり、若い世代の流入が期待されるとする考え方はどうでしょうか。先進事例でみてみましょう。

北海道の伊達市は、2000年ごろから高齢移住者を積極的に受け入れてきました。これが功を奏し、道内の同規模自治体が人口減少と経済活動の停滞に見舞われるなか、伊達市の地価は横ばいで推移し、固定資産税収も維持されました。また、さまざまなサービス需要が増えたことで、若い世代の流入も増えました。高齢者誘致の成功事例とされています。

しかし、近年の全国的な景気の回復にともない、札幌市など伊達市以外での求人が増えたこともあり、若い世代の流出が顕著となっています。現状では、高齢者誘致で増加が見込まれる介護関連業種の賃金は低く、それ以外の業種で求人が増える好況期に若者をつなぎとめておくことは難しいようです。

無理に若者を地方に定着させる政策は誤り

若い世代の人口移動を一言で表せば、農山漁村を中心とする郡部から大都市に向けて動いているということになります。東京圏への人口流入は、日本全体の人口分布における変化の一断面に過ぎず、実際には多くの若者が、東京のみならず、地方の中枢・中核都市にも流入しています。若い世代の東京圏への流入をとりわけ問題視する向きもありますが、それでは地方の中枢・中核都市への人の流れはどのように考えるべきなのでしょうか。

製造業が海外に流れ、人口減少にともなってサービス需要も減り続ける地方の中山間地域から人口が流出し、東京に限らず全国の大都市に人口が流入することは、ある意味自然な人口流動であり、不可逆的な動きとみるべきです。仕事の有無以外の面、例えば子育て環境や暮らしの利便性などをとっても、東京を含む都市部への若い世代の流れには必然性がありま す。

政府では、2020年までに東京圏への転入超過をゼロにするという方針を立てていますが、その受け皿はどこなのでしょうか。農山漁村だけで年間10万人分の若者の受け皿を作り続けるというのでしょうか。あるいは、地方の中枢・中核都市を主な受け皿とし、そこを意図的に東京よりも若い世代の比率の高い都市にする必然性はどこにあるのでしょうか。

人口流出が止まらない地域で、流入を1人でも増やし、流出を1人でも減らしたいと願うのは当然のことです。しかし、詳しくは次章以降で解説していきますが、無理に地方に若い世代を定着させても、出生率は期待するほどには向上しないでしょう。また、日本全体の経済成長にとってもマイナスとなる可能性があるばかりか、人口減少地域の持続性向上にもあまり効果がないことが予想されます。

例えば、現在10万人に及ぶ東京圏への転入超過が、政府の目標どおり2020年にゼロになり、以後その状況が継続する場合を考えてみましょう。地方では、若い世代の人口が、流出があった場合に比べ12・5%増加することになります。若者向けサービスの需要は確実に増加しますが、問題は雇用などの受け皿です。

地方において、2020年までという短期間に、しっかりとした所得が得られる新規雇用を、受け皿として十分な規模で創出することは、至難の業と言わざるをえません。そのため、安い賃金の仕事に雇用助成金を出したり、補助金などにより無理やり仕事を作ったりするような取り組みが選択される可能性が高くなります。

一方、東京圏では、若い世代の人口が、流入があった場合に比べ25%減少します。この影響は極めて大きく、おそらく若者向けサービスの多くが壊滅的な影響を受けるでしょう。また、さまざまな産業や企業が深刻な人手不足に陥り、経済自体が回らなくなる可能性があります。

このように容易に予想される将来の姿を正視することなく、東京圏と地方圏の人口移動を短期間のうちに均衡化させようという政府の政策は、極めて表面的な分析に基づく誤った取り組みであると言わざるをえません。

自然な都市への人口の流れを無理やり食い止めるのではなく、人口減少、特に若い世代の減少を正面からとらえ、東京、地方に限らず未来をみすえて、さまざまな取り組みで持続的な地域を形作ることが求められているのです。

人口減少が進む日本で求められる政策の方向性

近年、先進国である日本は、ＧＤＰというある種無機質な数字に基づく成長を追い求めるのではなく、心の豊かさや生きがいにこそ本当の意味での豊かさがあり、それを高めていくことに注力すべきであるとの主張がみられます。

この命題に対し、筆者は残念ながら明快な回答を持ち合わせていません。しかし、おそらくはどちらか一方ということではなく、その両方を目指すべきであるというのが正解なのではないでしょうか。

後者が重要であることは論をまたないわけですが、すでに多くの公的債務があり、さらにインフラの維持・更新費、社会保障費といった支出が固定費的に求められる日本では、前者を意識的に見落としたような政策をとることは許されません。

一定の経済成長がなければ、これらの負担はすべて将来世代へと先送りされます。これからの日本には、人口減少の中で、1人ひとりの生み出す富を増やすことで得られる経済成長と、本当の意味での豊かさの両方を追い求めるという極めて高いハードルが待ちかまえているのです。

地方創生と並んで現政権が進める「一億総活躍社会」は、だれかがだれかに依存するのではなく、皆がそれぞれ富を生み出し、豊かな社会を築くことを目指しているはずです。もちろん将来世代に依存することも許されません。また、地方が東京に依存する社会も好ましくありません。各世代、各地域がそれぞれ自立した経済主体として、富を生み出し続けられる社会を目指すべきであると言えます。

若い世代や高齢者の地方移住を促そうという政府の取り組みは、個人個人の精神的な豊かさを充足させるという意味で成果を上げることはできるかもしれません。しかし、経済的な豊かさの成長をないがしろにしてまで、東京と地方の人口移動を均衡化させようとすれば、将来世代への負担を増やすばかりか、日本全体を衰退に導くことになりかねません。

〈注〉

注1 「まち・ひと・しごと創生基本方針2015」41ページ

第　2　章

無理に人口移動を促してはいけない

人口移動はあくまでも結果、目標にすべきではない

三大都市圏に多くの人口が流入した高度成長期がオイルショックをきっかけに終焉を迎えると、名古屋圏や大阪圏で流入が停滞し、東京と地方の中枢・中核都市への流入が目につくようになりました。1972年から東日本大震災の前年である2010年までの人口移動をみると、福岡市は多い年で1・7万人、平均で7000人の転入超過でした（図表2－1）。札幌市は、同期間、年平均で1・3万人の転入超過です。

仙台市はデータが整った1989年以降をみると、年平均2800人の転入超過でした。ただし、仙台市では、2000年代は総じて転入と転出が拮抗しており、絶えず転入超過の状況にあったわけではありません[注1]。

また、戦後日本の復興を支えた都市の1つとも言える北九州市は、転入超過の時期もありましたが、早くも1965年には転出超過に転じ、1972年以降に注目すると年間4400人の転出超過となっています。北九州市は、重厚長大と言われた製鉄などの素材産業を中心とする戦後復興の中核的な製造拠点でしたが、日本全体の産業構造の転換や生産現場にお

図表 2-1　地方中枢都市の転入超過数

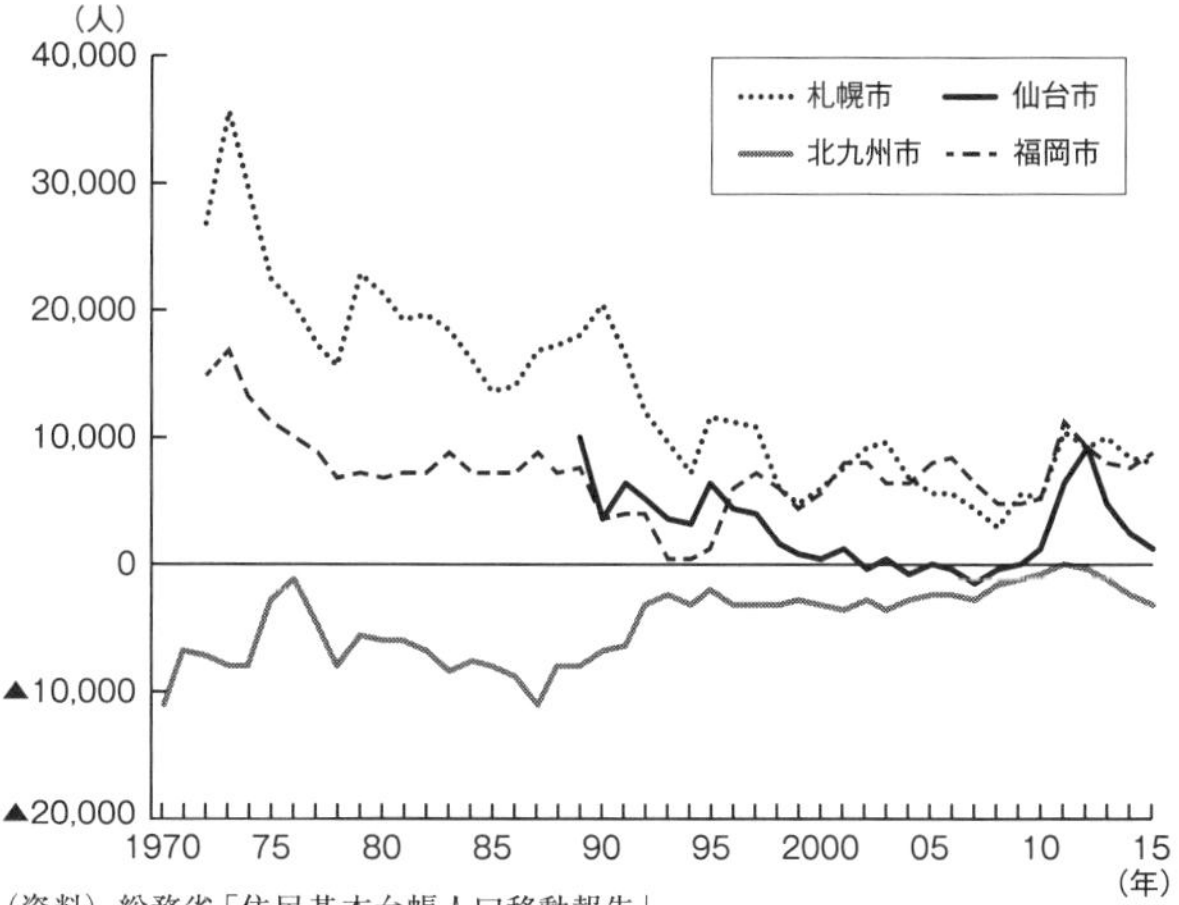

（資料）総務省「住民基本台帳人口移動報告」

ける機械化の進展などにともない、長期にわたり人口流出の状態が続いています。

人口移動は、経済や居住環境、歴史文化などの都市が持つ総合的な力を反映したものに過ぎないという理解が重要です。人口減少が進む中山間地域で、移住者の取り込みなどにより人口維持を図ろうという考え方を全面的に否定すべきとは思いません。しかし、こうした取り組みは、限られたパイを奪い合うゼロサムゲームに近いものがあります。総人口が減る日本では、マイナスサムゲームと言ってもよいでしょう。当然、成功する地域もあれば、努力が実を結ばない地域もあるということは、あらかじめ認識しておくべきです。本来、地方自治体が目標にする範疇《はんちゅう》のものであるとは思えません。

移住者の取り込みに失敗する地域が生じるのは、人口移動が経済や雇用の情勢に大きく影響を受けるものであり、多くの中山間地域で、経済活力を今以上に引き上げることが一朝一夕にできるものではないためです。政府は地方への移住の旗振りに力を入れていますが、成果を急ぎ過ぎれば、日本全体の人口分布にゆがみを生じさせたり、ごく一部の成功事例と言われるような地域を生み出したりするだけに終わることが危惧されます。

地方自治体に人口ビジョンは必要か

2015年、全国の自治体が、国の地方創生戦略に基づき地方版総合戦略を策定しましたが、あわせて、その結果達成すべき目標として人口ビジョンも策定しています。行政が戦略を策定する上でその成果を計る指標が必要であり、地方創生戦略では、最終的に達成されるべき数値目標は、一定水準の人口であるという考え方に基づいています。

国の推計では、今後ほとんどの地方自治体で人口が減少すると予想されています。今回策定された地方自治体の人口ビジョンの大半は、出生率の向上と人口誘導によって人口の減少幅を小さくし、できれば横ばいにもっていくことを目指すものになっているようです。

自治体が出生率の引き上げに乗り出すこと自体は望ましいことですが、その効果はそう簡単には出てこないでしょう。財源さえあれば子育て世代への現金給付を増やしたり、保育園などの施設整備を進めたりすることができます。しかし、欧米先進国をみても、そうした取り組みが日本より進んでいる国が必ずしも出生率の引き上げに成功しているわけではないことを踏まえれば、今のところ出生率を引き上げる決定打はないと言えます。

また、外部から若い世代を引き込むとしても、地元出身の若い世代ですら定着できない現状では、入ってきた若者を定着させることが容易であるとは思えません。

昨今、移住者の取り込みに成功した地域があることは事実です。しかし、こうした地域は、すでに長期にわたり移住者の受け皿づくりに取り組んできていたり、都市住民にとって魅力的な資源に恵まれていたりする例が多いようです。

結局、行政が、自ら達成すべき目標として一定水準の人口を指標としてしまったがゆえ、短期的な成果を求め、補助金をばらまくような強引な人口誘導策に走ってしまうことが懸念されます。

仕事がないところに人は定着できない

そもそも、人を呼び込み長期にわたり定着させるには、相応の仕事がなければなりません。仕事の減少が人口の流出を後押ししてきたという過去の経緯を顧みても、仕事がない状況で、それを逆転させることが困難であることは容易に想像できます。

中山間地域において、仕事や生業《なりわい》の喪失が人口流出に直結した端的な例として、産炭地域が挙げられます。多くの産炭地域では、炭鉱の終焉とともに激しい人口の流出に見舞われました。

例えば、北海道夕張市の人口は1960年にピークを迎えましたが、その後のわずか5年間で、2割に相当する2万人以上の人口減少を経験しています。その間に何があったのかと言えば、1963年に夕張地域で初めて北炭夕張第三鉱が閉山されています。

それを皮切りに、夕張地域では炭鉱の閉山が相次ぎ、雪崩を打つように人は夕張を去っていきました。1990年に最後のヤマ（炭鉱）が閉じられていますが、その後も人口減少に歯止めがかかっていません。

林業が盛んだった地域でも外材の輸入が盛んになり、木材価格が低下するとともに、多くの林業従事者が山を下りました。山間地域での生業という意味では、木炭や薪、養蚕などの生産が1960年代から1970年代にかけて急速に衰退したことで、暮らしを支える貴重な現金収入源が失われ、人口の減少に拍車がかかりました。

以上のことは、仕事がないところに人は定着できないという極めて「当たり前」のことを示唆しています。特に若い世代は、子育てなどに一定の収入が不可欠です。何を今さらと思う方もいるかもしれませんが、地方創生に突き進む政府と地方自治体では、こうした当たり前のことが見落とされてしまう危険性があります。

日本中どこであろうと、若い世代が持続的な暮らしを営むためには、一定の収入が期待できる仕事が必要であるという当たり前のことを軽視してはいけません。

地方創生が定住補助金頼みの移住政策に矮小化

地方創生戦略が本格化して以降、地方移住の動きが活性化しています。その理由としては、第一に東京側の変化が大きいと考えられます。

高度成長期以降の日本では、東京をはじめとする大都市が成長センターとして若い世代を集めてきました。大都市で生み出した富を全国隅々にまで分配し、国全体の成長につなげるのが日本の成長モデルであったといってもよいでしょう。

ところが、バブル崩壊以降、こうした日本の成長モデルが変調を来し始めました。さらに2000年代に入ると、特に東京が若い世代を集めている割に経済成長がともなわず、日本経済の牽引役となりえない状況が明らかとなります。[注2] そのため、若い世代が行き場を失い、その一部は希望する仕事に就くことができず、所得や就労環境も、上の世代に比べて悪い状況に置かれることが増えました。

いわゆるロスジェネ（ロスト・ジェネレーション）の発生は、若い世代の苦境を物語っています。こうした近年の経済環境の変化は、若者が地方で暮らすことを選択肢の1つとする一因ともなっています。若者の立場からみれば、極めてまっとうな判断と言えるでしょう。

一方、若い世代の移住や定住に期待を寄せる地方の環境も大きく変わりつつあります。何より受け入れ態勢が変わりました。

一昔前の中山間地域は、どちらかと言えば排他的で、他所《よそ》からの移住者受け入れを拒絶する雰囲気が感じられる地域が多かったように思います。今でこそ若い移住者を数多く受け入れている先進的な地域でも、10年から20年前には、他の中山間地域と同じような状況にありました。

それが、人口減少が本格化して耕作放棄地や空き家が増え、地域の衰退がだれの目にも明らかとなってきたことにより、一部の地域で移住者の受け入れを前向きにとらえるようになってきています。こうした先進的な地域で、多くの若い移住者が地域の存続になくてはならない活躍をしている様子を目のあたりにし、出遅れた地域の考え方も目にみえて変わりつつあります。今では、多くの地域が競うように移住者獲得に乗り出しています。

受け入れる地域が増えたことにより、以前に比べて移住が若者にとって劇的に身近なものになりました。地方での暮らしを求める若い世代が増え、東京で移住フェアを行えば希望者が殺到する状況です。

個人の意思による移住や田舎暮らし、あるいは1人でも多くの移住者を獲得し、地域を存続させようという取り組みは尊重されるべきです。しかし、生活の糧が確立されていない地域において、過剰な補助金に依存した定住促進策が導入されるようなことがあれば、移住者とそれを受け入れる地域の双方にとって好ましい結果とはならない可能性が高いと言えます。

一般社団法人移住・交流推進機構のホームページには、全国の地方自治体が掲げる5910もの移住支援策が掲載されています（2015年度版）。2013年度版では、521制度でしたから、ここに来て急速にメニューが増えていることになります。各自治体が試行錯誤のもと、工夫を凝らした取り組みが導入されているようです。

その支援制度の大半が、住宅取得に関する費用や家賃の一部を一時的に補助するもののほか、子育て支援や就業支援に類する一時的な手当てです。しかし、中には就業研修期間から数年にわたって月々の生活費を提供するものもあります。

住宅のリフォーム費用の一部を負担したり、固定資産税の減免をしたりしているうちは一時的な移住サポートとみることができ、節度ある制度と言えるでしょう。しかし、月々支給するような生活費支援の場合、自治体間競争の結果、金額が際限なく引き上げられることが危惧されます。すでに、やや過大とも思える金銭支援により、移住者の獲得に成功した地域も出てきているようです。各地方自治体が人口ビジョンを策定し、人口目標を設定したがゆえに、放っておくと支援内容が徐々にヒートアップする可能性が高いと考えられます。

政府が示す地方創生戦略には、仕事を作ることで若い世代を取り込むという流れが示されていますが、短期間にこうしたことが成し遂げられる地域は極めて少数であると考えられます。地方自治体レベルでは、自ら設定した人口目標の達成を期すため、結果的に地方創生戦略が、定住補助金頼みの移住政策に矮小化されることが懸念されます。

就業先が見出しにくい地域でIターンを受け入れる場合でも、こうしたタイプの補助金はなるべく短期間にとどめられるよう、経済的な自立を促す仕組みを構築することが必要です。国や地方の財源は、若い世代がどこに暮らしていようと、なるべく高い所得を得ることができる職に就き、納税し、子を育てることができる社会的な仕組みを整えるために充当すべきではないでしょうか。

「年収○百万円で暮らせる」で移住をあおってはいけない

移住者を呼び込もうとする地方自治体では、低所得でも暮らしていけることを売りにしている例が散見されます。実際、総務省の事業である「地域おこし協力隊[注3]」は、年間の生活費としておよそ200万円が支給されます。住宅などは別途提供されることもあり、それだけで十分かどうかは別として、とりあえず生活できるだけの金額が設定されています。したがって、自治体などの売り文句として散見される、低所得でも暮らしが成り立つという言葉に嘘はありません。

一方、大都市に暮らしている移住を希望する若い世代の所得をみても、非正規雇用者では地域おこし協力隊と同水準の所得しか得られず、しかもその所得を得るのに疲弊を余儀なくされている例も少なくありません。所得が少ない状況で、住居費などが高い大都市で暮らし続けることは容易ではなく、同じ低所得なら精神的な豊かさを求めて地方での暮らしを選ぶのは妥当な判断と言えるでしょう。

しかし、低所得で暮らせる地方といっても、普通に働いてそれだけの所得を確実に得られるかといえば、そうとは限りません。移住者は、まず賃金の低さに直面することになります。同じ職種の仕事でも、大都市と地方では賃金に格差があり、もし地方で大都市と同じ水準の所得を得ようとすれば、より長い時間の労働が必要となります。さらに、新規就農を希望する人であれば、それだけで1世帯が十分食べていけるだけの所得を得ることは容易なことではありません。

全農家の12％に過ぎない主業農家であれば、年間500万円以上の農業所得を得ていますが、農家全体の平均的な農業所得は132万円に過ぎません。新規就農から1年や2年で販売可能な作物を作り、売り上げ、生計を立てることはかなり高いハードルと言えます。年間100万円を得ることすら一大事でしょう。

田舎暮らしを目指す若い世代の中には、自給自足的な生活にあこがれる人もいます。大量消費社会に対する嫌悪感や自分へのチャレンジなど、理由はさまざまです。完全な自給自足は難しいかもしれませんが、「農的暮らし」をベースにパートやアルバイトをしながらであれば、それに近い生活を送ることも可能でしょう。

「農的暮らし」には定まった定義はありませんが、いわゆる販売目的の農業ではなく、土に触れ、自然の移ろいに寄り添った暮らしのイメージです。日々競争社会に身を置いている若い世代が、こうした暮らしにあこがれる気持ちはよくわかります。

しかし、国や地方の経済成長や地域の持続性などの観点から、若い世代がこうした生活に流れることについては、社会的に許容できる範囲は限られています。筆者も「農的暮らし」に対するあこがれは人一倍強いほうですが、同時に、税金や社会保障費を減りゆく現役世代のだれかが負担していかなければならない中で、こうした生活を送ることができる人は極めてわずかであるという認識も持っています。

さらに、農山漁村にもともと暮らす人々が、みなつつましい生活を送っているとは限りません。後述するように、世帯所得でみれば、東京と変わらない地域も珍しくありません。少ない所得で暮らせるからといって、地方が一種の理想郷であるというような幻想を抱かせることがあってはいけません。地方は地方なりのチャレンジや努力なしに、安定した暮らしを築くことはできないということを示すべきです。

地方であっても、しっかりとした所得が得られる社会的な仕組みを構築することによって若い人を呼び込むことが必要で、これは大都市にも通じる普遍的な課題です。

あこがれの田舎暮らしはハイリスク

地方への移住者が直面する最大のハードルは、安定的な収入を確保することです。地域おこし協力隊に参加する若者には、赴任期間の3年経過後、地域に定着することを希望する例も多くなっています。高知県では、7割を超える隊員が定着を志すとされています。この元隊員たちにとっても、持続的な定着に向けたハードルはやはり所得を得ることです。

では、古くから地方で暮らしてきた人は、どのように生計を成り立たせてきたのでしょうか。ここまでは、地方の所得の低さや生活費の安さを指摘してきました。しかし、世帯所得でみれば、地方は必ずしも低所得とは言えません。総務省の家計調査によれば、北陸地方の世帯所得は軒並み高く、とりわけ高い福井県では、年によっては東京都を上回ることもあります。

地方では多世代同居が一般的であり、世帯の複数の構成員が就労している場合が多く、世帯所得が高水準となります。世帯構成員のだれかが公務員であることも珍しくありません。また、不動産所得がある世帯、生産する農林水産物がブームとなり高所得を得た経験がある世帯など、比較的裕福な世帯が多いのも事実です。[注4] 高い世帯所得により多世代が暮らす大きな家を建て、子どもへの教育を充実させてきました。さらに、地方には地縁・血縁があり、地元出身者であれば、失業などによる収入の一時的な途絶があっても、どうにかなってしまう寛容さもあります。

一方、若いIターン移住者の場合、不動産収入や多世代同居は望むべくもなく、1人もしくは夫婦2人の所得で生活することになります。日々の生活費は何とかなったとしても、住居の修繕費や子どもの教育費など、一定の蓄えが必要となる場合もあります。特に大きな空き家に入居した場合、経年劣化による住宅の痛みを修繕し維持していくには、少なからぬ蓄えが必要です。移住したばかりの不安定な経済状況のもと、それだけの蓄えを作っていくことは容易ではありません。

移住者は周辺に近親者もおらず、世帯収入の途絶が田舎暮らしの断念へと直結することが危惧されます。田舎暮らしは意外とハイリスクであると言えます。

受け入れ地域も移住者の暮らしを支える覚悟を

Iターンなどでゆかりのない地に移り住んでくる若い移住者にとって、中山間地域での暮らしは高いリスクをともないます。移住からしばらくの間は収入のメドが立たなことをあらかじめ覚悟していたとしても、それが長期化したり、予定していた収入が途絶したりすることなどにより、田舎暮らしが続けられなくなる場合もあります。

移住者の定着率などについてはまとまった統計があるわけではありませんが、入ってきてもすぐに出ていってしまうという受け入れ側の移住者に対する印象には、根強いものがあります。若いIターン者の多くが長く定着できないことは、そのために必要な収入を得るというハードルが決して低くないことを表しています。

また、子育て世代の移住者にとって、中山間地域や離島の教育環境は十分なものとは言えません。すでに多くの小学校が廃校、休校となっており、移住世帯の児童が、スクールバスなどで遠距離の通学を余儀なくされるケースもあるでしょう。

２０１５年、文部科学省が学校の統廃合に関する指針を示しました。廃校が地域の衰退に直結する恐れもあることから小規模校の存続に含みを持たせてはいるものの、原則として中山間地域の小規模校では、徒歩や自転車の場合4キロメートル以内、バス通学の場合1時間以内の距離であれば通学可能範囲とし、従来よりも遠方の学校との統合も視野に入れています。

中山間地域に移住しても、学校の統廃合が進み、移住早々、子どもがバス通学となってしまうことも十分ありうるわけです。子どもの教育に関心の高い世帯では、こうした状況を忌避し、移住を取りやめたとしても不思議ではありません。

若いIターン者を受け入れるということは、地域がその人たちの人生を受け入れることに等しいと言えます。受け入れ地域は、それだけの「覚悟」が問われていると考えるべきです。移住者が直面することになるさまざまな障害に対し、先進的な受け入れ地域はどのような対応をとっているのでしょうか。

移住の受け入れに先進的に取り組む地域の「覚悟」をみてみましょう。

ここまでして移住者の経済的な自立を支える

まず、移住者の経済的な自立に向けて、受け入れ地域が可能な限り移住者を支援している例です。福島県二本松市の東和地区は以前から有機農業が盛んで、移住希望者が絶えない地域です。しかし、有機農業の里として知名度のある同地区であっても、Iターン者が農業だけで生計を立てることは容易ではありません。そこで、同地区で移住者の受け入れ窓口となっているNPO法人ゆうきの里東和ふるさとづくり協議会が中心となり、過保護とも言えるほど手厚い移住者支援を行っています。

まず、農業初心者のIターン者は、およそ1年間、農業研修を受けることになります。研修期間中は、研修先の農家に住み込むような形で、みっちりと農業のイロハを学ぶことができます。この間、移住者が暮らす住宅や耕す農地を協議会が中心となり探します。

2年目以降は自力で生産活動に入ることになりますが、協議会では収穫物の販路についても紹介しています。それでも移住者の農業による年収は100万円に満たず、それだけで生活を維持していくことは難しいのが現状です。そのため、協議会では、建設業や造り酒屋など農閑期の就労先を紹介し、移住者の経済的な補填を図っています。[注5]とりわけ農閑期の現金収入は、翌春、資材や肥料などを購入し、農業を継続していく上でなくてはならない貴重なものです。

Iターン者の経済的な自立に向けた受け入れ地域の取り組みということでは、徳島県美波町の伊座利漁港の取り組みも注目されます。伊座利地区では、地域の学校を存続させるため、親子一緒の漁村留学を推進しています。取り組みは功を奏し、周辺の沿岸地区では唯一学校を残すことに成功し、人口わずか100人程度の狭い集落には子どもの姿が絶えません。

伊座利の取り組みの特徴は、単に学校存続のために子どもを誘致するのではなく、原則親子一緒の留学・移住であり、その親の仕事も手当てすることです。漁師になることを希望するＩターン者のために、漁船の乗組員としての就労の機会を提供するほか、古くから地域の中心的な漁法であるアワビや伊勢海老の素潜り漁で生計を立てようという新人漁師にも漁業権を開放しています。

一見、当たり前のことのように感じられるかもしれませんが、漁師にとって漁業権は不可侵的な飯の種であり、その開放に対して抵抗感を持たれることが多いのが実情です。伊座利の取り組みは全国でも数少ない例と言えるでしょう。

通常、漁業権の縛りにより、移住者や権利を持たない住民は海産物を獲ることができませんが、伊座利漁港では漁業権を持つ漁師も移住者も平等に素潜り漁を営むことができます。今では、年齢層が高くなってしまった以前から漁業権を持つ漁師よりも、若いＩターンの新米漁師のほうが多く収穫するという話も聞きます。

Ｉターン者が地方で経済的な基盤を確保するには、本人の努力はもちろんのこと、受け入れ地域の支援が何より重要です。先進地域では、福島県二本松市東和地区にみる過保護とも言える新規就農支援や徳島県伊座利漁港の漁業権の開放など、これまでにない手厚いサポート体制を整え、移住者を迎え入れています。

地方が若い人を受け入れていく場合、行政の補助金が付くからとか、空き家があるからといった安易な発想では、目ぼしい成果は上げられないでしょう。地方創生は、地域住民自らが身を切る「覚悟」で取り組むべきものであり、住民自らが変わることであると言えます。

移住者のために休校の学校を再開する

次に、教育環境に関する取り組みをみてみましょう。地域に小学校がなく、遠距離の徒歩通学や長時間のバス通学を要するといったことは、子育て世代を呼び込む上では大きなマイナス要素です。

もともとなければどうしようもありませんが、昔はあった学校が廃校ではなく、休校扱いになっているのであれば、まだ可能性はあります。休校なら、地元の合意さえ取りつけることができれば、再開のハードルは決して高くはありません。

例えば、熊本県多良木町の町立槻木小学校は、児童が皆無となり7年間休校となっていましたが、2014年にIターンとして地域に入ってきた世帯からの新入学児童1人を迎えるにあたり、再開されました。地元教育委員会では、児童がいて地域の要請がある以上、予算を確保するとともに、必要な教員を配置して学校を再開することが望ましいとの判断を下しました。

もちろん、さまざまな調整が必要です。学校長は同じ町内の20キロメートル離れた久米小学校との兼務であり、給食室では、今も町の物産館への惣菜の仕出しや観光客向けの弁当の製造を行うなど、過疎地ならではの複合的な施設の活用もみられます。また、最寄りの久米小学校と授業の進捗を調整しつつ、定期的に合同授業も行われており、日ごろ1人で授業を受けている槻木小学校の児童が集団生活に戸惑うことなく成長できるよう配慮されています。

こうした事例は決して多くありませんが、過去にさかのぼってみれば皆無というわけではありません。岡山県笠岡諸島の1つ、六島《むしま》にある笠岡市立六島小学校も4年間休校となっていましたが、2007年に再開され、現在も複数名の児童が在学中です。

両校に共通するポイントは、廃校ではなく、将来の再開に含みを持たせた休校であるということです。廃校の場合、市町村議会の審議を経て、県の教育委員会に廃止を届け出ることになりますが、休校は学校教育法上明確な定義はなく、在校児童や生徒はいないものの、学校自体は存続している状態を指します。

2014年現在、全国には休校扱いの設置クラス数がゼロ、すなわち児童数がゼロの公立小学校がおよそ300ありますが、1年間で廃校となる数が同水準の300校程度あることを思えば、休校扱いのまま学校を存続させている例は決して多くないことがわかります。休校扱いの学校は、すぐに再開できる状態で維持されていることが必要です。経費がかかり自治体財政上の制約が生じることや、建物を他の用途に転用しにくいといったこともあり、地方自治体としては廃校を選択する傾向にあります。特に複数校を統合する場合、残りの学校は廃校となることが多いようです。

しかし、たとえ地域に児童がいても、いったん廃校とした学校を再開することは、新設に近いほど難しいと考えるべきです。地域で移住者の誘致などを検討しているのであれば、休校扱いにしておいたほうがいいでしょう。過疎地において移住者を受け入れていくためには、学校がいつでも再開できるようにしておくような地域運営の柔軟さが必要です。移住者の呼び込みと学校の存在は不可分であり、地域全体で考えるべき課題と言えます。

移住者にとって定住しやすい環境を作るためには、第一に一定の収入が確保できる基盤を作るとともに、教育環境の維持など地域全体が多方面から支援をしていくような対策が求められているのです。

Ｉターンよりもまずは Ｕターン

本章で、若い世代の地方移住はハイリスクであることを説明してきましたが、これは移住者がＩターンであることを前提としています。しかし、地元出身者が他都市での生活を経て、再び地域に戻ってくるＵターンの場合はどうでしょうか。

一般論で言えば、Ｕターン者が家族との同居または近居をするのであれば、状況はＩターン者とはまったく異なります。Ｉターン者では田舎暮らしを断念せざるをえないような収入途絶があったとしても、Ｕターン者であれば、家族や親族の支援により苦境を乗り切ることができるかもしれません。また、農地の取得やビジネスチャンスを考えても、地域のネットワークがあらかじめ構築されている地域出身者のほうが有利であることは言うまでもありません。

こうしたことから、Ｉターンを呼び込むことに熱心な地域でも、まずはより新生活のスタートアップのハードルが低いＵターンを第１ターゲットと考えてみてはどうでしょうか。

そもそも地元出身の若者が大都市に流出することが食い止められないにもかかわらず、その穴埋め的にIターンを呼び込もうという論理には、かなりの無理や矛盾があります。地元出身者が生業によって暮らしを成り立たせ、誇りを持って地域の魅力をアピールできるようにならなければ、Iターン者の定着は困難と考えるべきです。

すでに示したように、Iターン者の定着には地域の覚悟が必要で、想定以上にコストや時間がかかる場合もあります。短期的な成果を求めれば、結局過剰とも思える定住補助金などに依存せざるをえなくなる地域が多くなるでしょう。しかも、そうした移住者の一部は、補助金の打ち切りとともに、地域の外に流出していくことになります。まずはUターンをターゲットとして若い世代の取り込みを検討すべきです。

人口移動の均衡化には膨大な雇用創出が必要

政府は、2020年までに、東京圏と地方圏の人口移動を均衡させるとの政策目標を掲げています。これに対し本書では、人口の移動は都市や地域の持つ総合的な力の差異により生ずる結果であり、人口の流れを意図的に攪乱《かくらん》するような政策は好ましくないという立場です。ただし、両者とも、人口の流れを人為的に変えることができるということを前提とした主張であることに違いはありません。

ここで、次のような疑問を持たれる方がいるかもしれません。そもそも、東京を中心とする大都市への人口流入が続くなか、政策のいかんにかかわらず、政府が目指すような地方への人の流れを生み出すことなど本当にできるのでしょうか。

結論から言えば、可能であることを歴史が示しています。

統計が整備された1954年以降でみると、1994年と1995年の2年間だけ、東京圏はわずかに転出超過となり、地方圏との人口移動がほぼ均衡しました。それ以外の時期には、例えばオイルショックの後でも東京圏の転入超過は年間5万人を超え、直近では10万人を超えています。

では、1995年ごろの東京圏における転出超過への転換は、何によって引き起こされたのでしょうか。この時期は、バブル崩壊後の景気対策として、公共事業費（公的固定資本形成の金額で概算）がそれまでの2倍に及ぶ40兆円にまで拡大されています（図表2－2）。すなわち、公共事業をそれまで以上に積極的に実施し、どちらかと言えば地方にお金を流し

図表 2-2 東京圏への転入超過数と公共事業費の推移

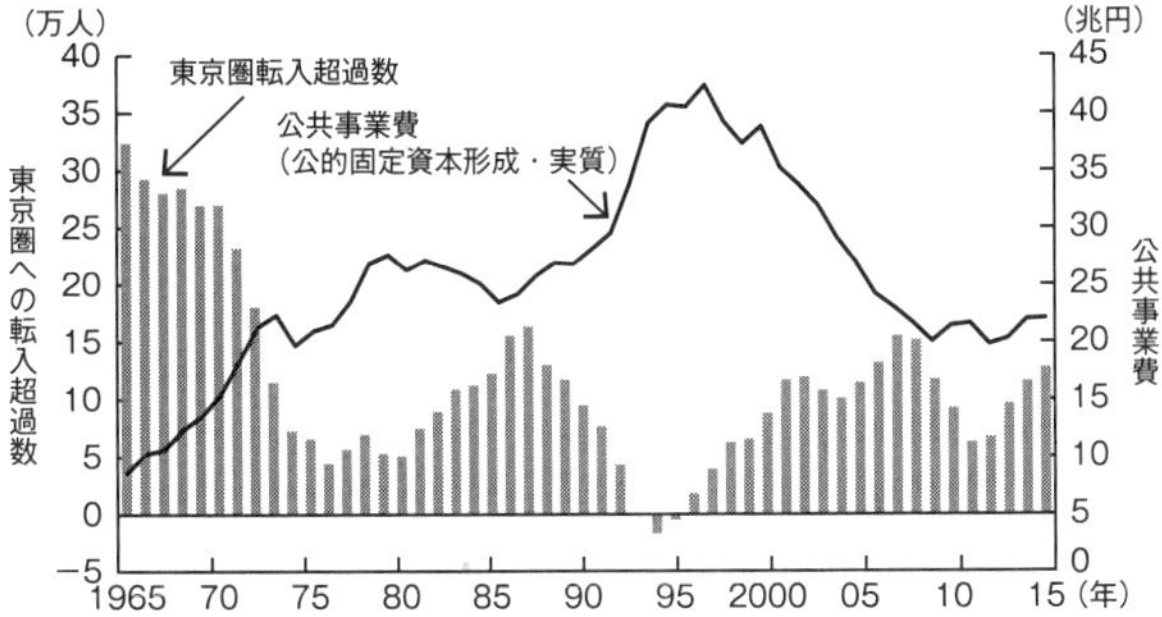

(注) 公共事業費は国民経済計算の公的固定資本形成 (実質) で代用。1993 年までは 68SNA (1990 年基準)、1994 年以降は 93SNA (2005 年基準) の、それぞれ固定基準年方式を採用。当然、両方式の間の接続はないが便宜上、1つの系列として扱った。東京圏は、千葉県、埼玉県、東京都、神奈川県。
(資料) 総務省「住民基本台帳人口移動報告」、内閣府「国民経済計算」

たことで、東京よりも地方で条件のより良い仕事が生じ、人が東京ではなく、地方に流れやすい状況になったということです。

こうした歴史的な事実から、公共事業により地方への人口移動を創出する政策をみると、次の2つの課題が指摘可能です。

①莫大な財源が必要で、極めて非効率的
②持続的な人口流動の構築には至らない

①についてですが、公共事業費が従来の2倍に相当する40兆円に増えたということは、もともと20兆円だったところに20兆円が追加されたということです。もちろん新規の20兆円がすべて地方に投下されたわけ

図表 2-3　公共事業費と東京都の有効求人倍率の関係

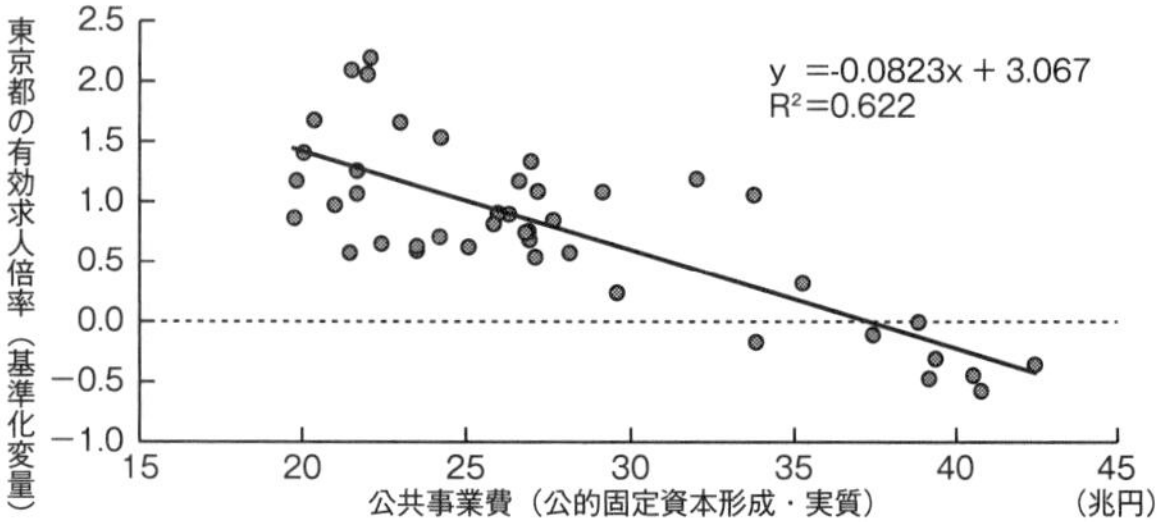

（注）公共事業費は国民経済計算の公的固定資本形成（実質）で代用。1993 年までは 68SNA（1990 年基準）、1994 年以降は 93SNA（2005 年基準）の、それぞれ固定基準年方式を採用。当然、両方式の間の接続はないが便宜上、1 つの系列として扱った。
有効求人倍率の基準化変量 =（東京都の有効求人倍率 - 全都道府県の有効求人倍率の平均）/（全都道府県の有効求人倍率の標準偏差）
（資料）厚生労働省「一般職業紹介状況」、内閣府「国民経済計算」

ではなく、一部は東京にも配分されたと考えられます。

　しかし、過去の実績をみれば、日本では公共事業が地方の景気を刺激してきたことは間違いありません。過去40年間のデータをみても、公共事業費の多い年には、全国平均と比較して東京都の有効求人倍率が相対的に低くなっていることがわかります（図表2－3）。そして、公共事業費がおおむね35兆円程度にまで高まってくると、東京圏の有効求人倍率は全国平均よりも低位となります（図中ではマイナスとなる）。

　公共事業の効果によって地方で仕事が創出され、人が地方に流れやすい環境が作られるわけです。見方を変えれば、公共事業に限らず、15兆円を売り上げる産業が地方で創出されて初めて東京圏への転入超過がゼロになるということを意味しています。

ただし、15兆円分の産業と言ったものの、公共事業以外でこれだけの生産活動がそう簡単に創出されるものではありません。公共事業費を15兆円増やしたときの雇用創出効果を、従前の1人あたりの雇用者報酬や産業構造が変わらないと仮定し、産業連関表を用いて計算すると、公共事業部門を中心にさまざまな産業で合わせて200万人以上という結果となります。これは、たとえ地方で200万人の雇用が生じたとしても、その大半が地域内の労働移動に費やされてしまうことを意味します。これだけの雇用を創出できるだけの金額を投下することでようやく、現在10万人に及ぶ東京圏への転入超過をほぼゼロにすることができる計算になるわけです。

政府は地方創生戦略において、10万人の東京圏への転入超過をゼロにし、東京と地方の人口移動を均衡させるため、地方に10万人分の雇用を生み出すとしています。しかし、この程度の新規雇用規模では、東京への人口移動を抑制する効果はほとんど期待できません。

実際、2015年には、地方創生の初年度として、国、地方自治体で様々な補助メニューが打ち出され、また移住フェアなどはたいへんな盛況をおさめましたが、東京圏の転入超過は前年比で1万人ほど増えています。東京の好景気に引っ張られた格好です。国、地方自治体の政策によって、地方への人の流れは増えつつあるかもしれませんが、それによって生まれた隙間をめがけ、地方出身者の東京への移動も増えているということなのかもしれません。

もちろん、政府の地方創生戦略は、公共事業を地方の雇用の受け皿と考えているわけではありません。多様な産業を興すことを目指しており、これ自体は正しい発想です。しかし、これによって10万人規模の人口移動の逆流を生み出そうとしていますが、さすがにこれには無理があります。地方における雇用の創出をいったん人口移動から切り離し、強い地域経済を作るための産業戦略と位置付け直すべきではないでしょうか。

話を公共事業に戻すと、日本の財政状況からみて、今後、移住促進策として公共事業が選択されることはないでしょう。万が一実施されたとしても、ここまで述べてきたように一定の雇用は創出するものの人口移動に関しては極めて非効率であり、効果はあまり期待できないと考えられます。

しかも、②で指摘したように、公共事業によって創出された仕事は、持続的であるとは言い難いものがあります。ダム建設などを想像するとわかりやすいのですが、現場の仕事は事業費が付いているときに限ったものであり、ダムが完成して事業費の流入が止まれば、昔の産炭地域と同じように人は別の地域に流れていきます。

例えば、山梨県早川町では、電源開発が行われていた1960年ごろまでは1万人を超す人口を擁していましたが、開発の終了とともに人口が急減し、1965年までのわずか5年間でおよそ4割減となりました。その後も人口減少は止まらず、高齢化も上昇の一途です。

2001年に発足した小泉純一郎内閣は、公共事業費の引き締め政策をとり、事業費はバブル崩壊後の景気対策を実施する以前の水準に戻っています。そのため、東京圏の転入超過は再び10万人の水準を回復しています。

もちろん、公共事業は景気全体を刺激することを目的とするものであり、人の移動をもくろんで執行するものではありません。政府でも、過去の反省から短期的な成果を求めず、ばらまき的な政策を行わないと地方創生戦略に明記しています。これは、公共事業には依存しないことを意味しています。

しかし、各自治体が人口減少の抑制を政策目標に掲げて人口ビジョンを作成し、しかも2

020年という極めて近い将来までに東京と地方の人口移動を均衡させるという政府目標が設定されている以上、地方自治体を中心に、なりふりかまわぬ政策が推し進められる可能性も皆無とは言えません。どちらにしても、公共事業で人を呼び込むということが行われるとすれば、それは極めて非効率で、効果も一時的なものに過ぎないということは間違いありません。

では、定住補助金はどうでしょうか。移住者に直接支給される定住補助金は、公共事業よりも移住者の暮らしの助けになるという点から言えば、効率的であると言えます。しかし、若い世代の人口減少が確実視される中では、若者はより付加価値の高い仕事に就くべきであること、加えて、移住者も税や社会保障の担い手であることを踏まえれば、公的資金に依存した暮らしの長期化は好ましくありません。定住補助金は、住宅取得や空き家のリフォームなど、移住初期に必要なまとまった資金を支援するにとどめ、長期にわたる生活費支給のようなスタイルは避けることが望ましいと考えられます。

東京と地方の人口移動を均衡させることができるだけの仕事を生み出すことは、決して容易なことではありません。それでもあえて地方に向けた若い人の流れを生み出そうとすれば、補助金に依存した定住促進策となってしまう可能性が高いと言えるでしょう。人口移動の数値目標から入るのではなく、地方において、たとえ小さくても1つずつ持続的な仕事や雇用を積み上げるという当たり前の戦略が必要です。

若者が地方で暮らしても出生率は高まらない

政府が若い世代の地方移住を促す理由の1つに、出生率が低い東京に若い世代が集まることが、日本全体の少子化につながっているという考え方があります。地方で若い夫婦が希望する数の子どもを生み育てるためという名目で、地方への移住促進策が導入されています。

しかし、これは誤った認識に立脚した政策です。地方に若い世代を移住させても、必ずしも1人の女性が生む子どもの数が増えるとは限りません。合計特殊出生率をみると、東京都がひときわ低いことは確かです（図表2－4）。しかしこれは、東京圏の中でも東京都に大学や専門学校が多く分布し、とりわけ高学歴の若い世代が集中していることが要因です。

生涯に生む子どもの数は、初婚や初産の年齢に影響を受けます。初婚や初産が早いほど、多くの子を生む傾向があります。大卒女性の初婚年齢は高く、東京圏全体の出生率を押し下

図表 2-4　都道府県別合計特殊出生率（2014 年）

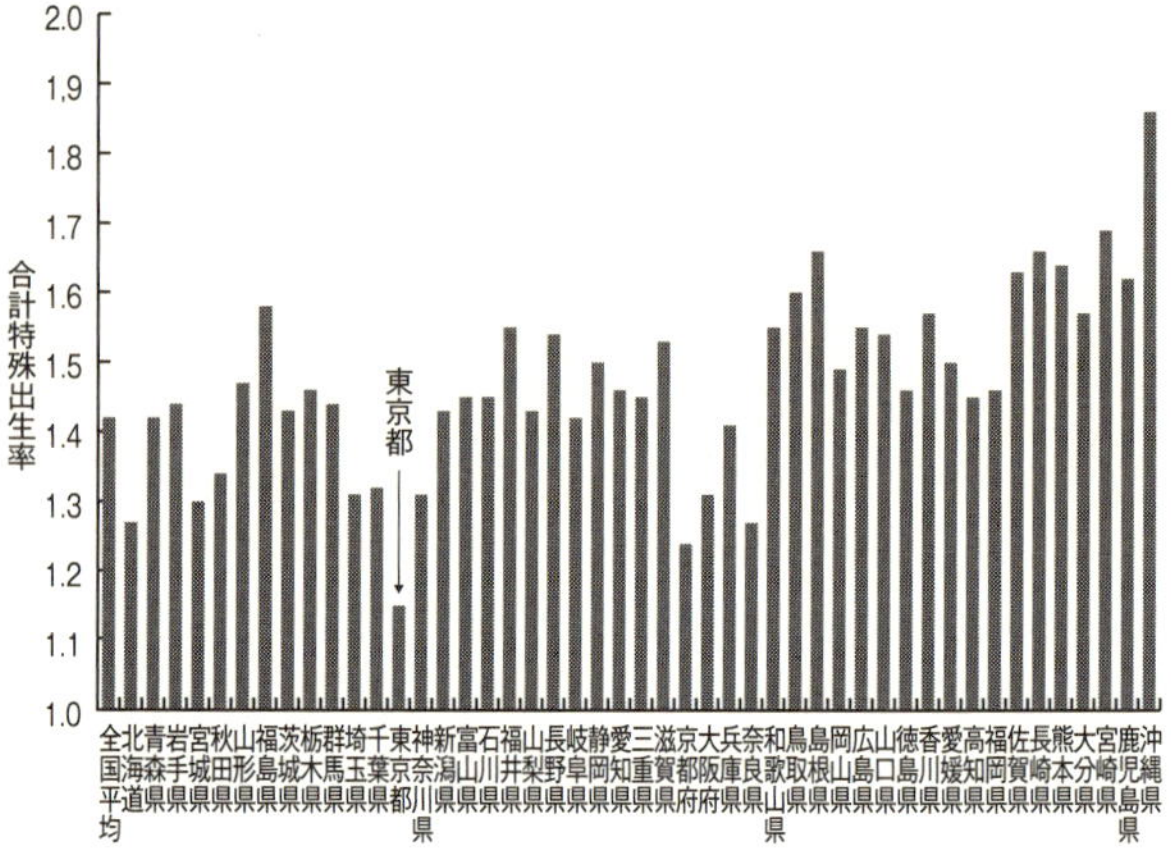

（資料）厚生労働省「人口動態調査」

げています。

しかし、こうした状況は東京だけではありません。実は、地方でもＤＩＤ、すなわち人口集中地区では、１人の女性が生む子どもの数は東京圏と大きな差異がないことがわかっています。[注6] 地方であっても、人口が集中して住んでいる都市部では、東京と同じように学生が多く、その結果女性の初婚年齢も高くなりがちです。しかもマンション住まいなど都市的な暮らしをしている人も多く、総じて子どもの数は少なくなります。

逆に、地方の非ＤＩＤ地域では子どもが多く、地方の高い出生率は非都市部に引っ張られた結果です。非ＤＩＤ地域の出生数が多い地域ほど、保育所などの施設整備や出産・育児制度の充実など、総合的な子育て環境が良いことがわかっています。さらに、そうした地域では、子育てに際して実家の支援が受けられていることを示すデータもあります。ただし、実家の支援は地元出身者に限ったことであり、Ｕターン者で親と同居もしくは近居であれば期待できるものの、Ｉターン者では望むべくもないことには注意が必要です。

政府は、若い世代に地方移住を促していますが、これは移住者がどのようなエリアに住むのかということまで考えた上での政策でしょうか。地方でも、若い世代を集めているのは、県庁所在地を中心とする中枢・中核都市です。雇用などを考えれば、こうした状況は移住者であっても同様で、移住者の大半は都市部を選択する可能性が高いと考えられます。たとえ政府がもくろむような人口移動が生じたとしても、若い世代が都市部での暮らしを選好する限り、政府が期待する出生率がもたらされるとは限りません。

高度外国人材任せの成長戦略に対する大きな違和感

政府が打ち出している地方への移住促進策には、もう一点、見過ごすことのできない違和感があります。それは、日本が経済成長を図る上で、日本国民と外国人の人材活用に関する方針の違いから生じています。

本来、日本人、外国人を問わず、有用な人材を、必要とする地域で活用することができるような仕組みを整えていくことが必要です。しかし、政府の成長戦略には、両者を切り分けて考えているところから生じてくる、ぬぐいようのない違和感があります。

政府は、東京をはじめとする大都市の成長が不可欠であるという認識のもと、高度な外国人材を積極的に招聘しようとしています。政府が毎年作成している「骨太の方針」（経済財政運営と改革の基本方針２０１５）には、「東京等の大都市は、国際競争力のある創造拠点としての環境整備や大都市の防災性の向上など、都市再生等を戦略的に推進する」とあります。さらに、毎年見直されている成長戦略（「日本再興戦略」改訂２０１５）では、「優秀な外国人材の獲得競争が世界的に激化している中、我が国経済の更なる活性化を図り、競争力を高めていくためには、海外の優秀な人材の我が国への呼び込みが不可欠である」としています。

こうした方針を具体化する政策として、２０２０年までに、現在の2倍に相当する6万人のＩＣＴ技術者を、主にアジアから呼び込むことも打ち出されています。東京都が立案し、国が認めた国際戦略総合特区でも、アジアヘッドクォーター特区と銘打ち、外国企業と外国人材の誘致を戦略の大きな柱としています。

すでに述べたように、日本では、東京の成長力に陰りがみられるところに、国全体の成長が停滞する一因があります。それゆえ、日本の成長に東京などの大都市の成長が不可欠であるという認識は正しく、そのために高度な人材が必要であるという一連の考え方に違和感はありません。そもそも、高度なスキルを有する外国人材を招聘すること自体好ましいことで、むしろこれまで取り組みが遅れていたくらいです。

違和感があるのは、こうしたマクロ的な成長戦略と、地方創生戦略の方向性が一致していないことです。政府の方針は、日本が国際競争に競り勝ち、日本全体の成長を牽引するためには、東京をはじめとする大都市で人材が不足しているという認識に立脚しており、その人材を主に高度な外国人で補おうとしています。その一方で、地方創生戦略では、東京圏と地方の人口移動を均衡させる政策を大きな柱に据え、総力を挙げて自然な人口の流れを攪乱してまで、日本人の若い世代を地方に押しとどめようとしています。

極端な見方をすれば、政府の方針は、東京などの大都市にある最先端の産業で富を生み出す担い手を高度外国人材に頼り、日本人は生み出された富に依存して中山間地域で心豊かに暮らすゆがんだ社会をみすえているように感じられます。筆者のこうした見解を、あまりにひねくれた見方と切り捨てることはできるでしょうか。

人口の地域間移動は、あくまで都市や地域の有する経済活力や魅力といった総合的な力の差異により生じるものであり、経済成長が期待され、富が生まれる地に向けて流れるのが自然です。特に人口減少が不可避の日本では、貴重な若い世代は、なるべくより多くの富を生み出す産業に従事し、国全体の成長を支える存在になってもらわなければなりません。

外国から高度人材を呼び込むこと自体は必要なことですが、そもそも彼らは成長が期待できる国や地域でなければ移住してくることはありません。外国人を優遇する制度だけ整えたところで、東京に具体的で魅力的な仕事がなければ、彼らの暮らしが成り立たず、移住先として選択肢にあがってくることはないでしょう。いくら空港やホテルなどインフラ整備を進めても、肝心な観光資源に魅力がなければ、外国人観光客が来ないのと同じです。

ポイントは、日本の成長を支えるために外国人を呼び込もうとすれば、東京自らが国際的な競争力を得て、外国人に選ばれる都市とならなければならないということです。これは、地元出身者が生業によって暮らしを成り立たせ、誇りを持って地域の魅力をアピールできなければ、Ｉターン者の定着は困難であるという発想と同じです。

人の移動によって経済成長を期したり、社会的な課題を解決しようとしたりするのではなく、限られた条件や資源の中で可能な限りの経済成長と課題解決を図ることで、選ばれる地域となることが必要なのです。これは、日本人の若い世代を受け入れる場合でも、外国人を呼び込む場合でも変わらない原則です。

政府の地方創生が目指す国全体の姿は、視界不良と言わざるをえません。

〈注〉

注1　近年、仙台市において転入超過が急拡大したのは、震災の影響により、被災地からの流入があったこととともに、人口増により活況となったサービス産業が雇用を拡大したことも一因であると考えられます。

注2　藤波匠『地方都市再生論』日本経済新聞出版社、63ページ

注3　地域おこし協力隊制度は、住民票を都市から過疎地域などに移し、地域において農林水産業への従事、地場産品の開発、住民の生活支援などの「地域協力活動」を行う人に、地方自治体が地域おこし協力隊員を委嘱するものです。任期は最大3年間で、隊員には生活費として年間200万円（スキルなどによっては上限250万円）を支給するとともに、活動費として別途200万円（生活費を増額した場合でも、総額400万円は変わらず）が支払われます。そのほか、任期終了後に起業を志す人には、資金的な支援制度も整っており、そのまま地域に定着する人が多いようです。

注4　「ニシン御殿」はつとに有名ですが、「○○御殿」が立つような一次産品のブームは近年でも珍しくはありません。最近では鳴門金時で有名な徳島県で、「金時御殿」というものが建っているという話もあります。

注5　NPO法人ゆうきの里東和ふるさとづくり協議会の取り組みの詳細は、直接のヒアリングとNPO法人ふるさと回帰支援センターのホームページによる。

注6　岡田哲郎「『東京一極集中是正』による少子化対策の妥当性を問う―地域別出生関連指標からの

示唆―」ＪＲＩレビュー 2015 Vol.6, No.25 60ページ～62ページ。ＤＩＤにおける平均出生子ども数は、関東が１・52、北海道１・64、東北１・64、中部１・65、近畿１・68、中国・四国１・71、九州・沖縄１・69と、０・19の範囲に収まっています。一方、非ＤＩＤにおいては北海道が極端に低く１・47、関東１・76、その他東北１・98、中国四国１・97、九州・沖縄２・11と範囲は０・64に拡大します。結局、出生数の地域ブロックごとの特徴は、もっぱら非ＤＩＤの出生特性によって形作られており、ＤＩＤにおいてはほとんど地域差が生じていないことがわかります。

第　3　章

仕事が人を引きつける

介護を雇用の受け皿にしてはならない

ここまで、仕事のないところに人が定着することは難しいということを繰り返してきました。加えて、過去の公共事業を分析することで、政策的に雇用を発生させて、東京と地方の人口移動を均衡化させることは可能であるものの、そのためには膨大な雇用を創出することが必要であり、現実的でないことを指摘しました。

本章では、地方において持続的な暮らしを担保する上で、どのような発想で仕事や雇用を創出していけばよいのかということについて、考えてみたいと思います。

「地方消滅」という言葉で全国の自治体に強烈なインパクトを与えたのは、日本創成会議という民間有識者会議です。地方消滅や東京圏の高齢化などについて政策提言を行い、それが間髪を入れずに政府の政策に盛り込まれるという絶妙な連携によって、東京圏と地方の人口移動の均衡化に向けた取り組みが動き出しました。日本創成会議と政府との高度な連携に基づく政策形成は、地方の衰退を白日の下にさらし、国民の危機感を高めたという意味で、貢献度は高かったと言えます。

その日本創成会議では、出産可能な年齢の女性に注目して、東京への一極集中を問題視しています。政府の取り組みにも、若い女性の地方定着に注目した政策が盛り込まれました。例えば、日本創成会議から2014年にリリースされた「ストップ少子化・地方元気戦略」では、都市高齢者の地方への住み替えは、地方の雇用機会の創出に有効であるとしています。[注1]すなわち、介護サービスが圧倒的に不足する恐れのある東京圏など大都市の高齢者が移住することで、地方に介護や医療、その他関連サービス業の雇用が増え、大都市に流れがちな若い女性の雇用の受け皿になりうるという判断です。

しかし、すでに第1章において、高齢者移住先進地である北海道伊達市の例を引き合いに、高齢者向けサービスが雇用の受け皿であるという認識には、かなり危ういものがあることを示しました。近年の景気回復にともない全国的に求人が増えたこともあり、伊達市で若い世代が流出に転じ、全世代を通じても転出超過となっています。15歳から64歳までの生産年齢では、2010年以前の5年間は年平均10人以上の転入超過を記録してきましたが、2014年は111人の転出超過となっています。[注2]

とりわけ、いわゆる働き盛りと言える世代の25歳から44歳に限ってみると、2010年までの5年間は年平均64人の転入超過だったものが、2014年には21人の転出超過でした。

介護やその他関連サービス業で人材が確保し難くなっている最大の要因は、低賃金です。賃金構造基本統計調査によれば、ケアマネージャーを除く一般的なホームヘルパーや介護施設職員の給与は、年間300万円を下回っています。従業者の平均年齢が高いにもかかわらず、女性の平均的な所得より60万円ほど低い水準です。

しかも、必ずしも給与が労働負荷に見合っておらず、きつい割に低賃金というイメージが強く、結果的に勤続年数は5～6年と他の産業に比べて短めです。いくら雇用が少ない地方とはいっても、介護が雇用の受け皿であるという認識を持ったままでは、その地域の平均的な所得水準を今後も低く抑えることになってしまうでしょう。

若い世代が減少する社会では、彼らがより高い所得を得ることができるよう産業振興を図り、社会の仕組みを変えていくことが必要です。介護を、地方における雇用の受け皿と考えること自体、旧態依然とした発想に基づく誤った地域政策と言わざるをえません。

補助金をばらまくなど、無理に人口移動を促すようなことをしなければ、地方では東京に比べて早い時期から高齢者が減り始めることになります。高齢者が減少に転じるタイミングをとらえ、地域戦略として、介護産業などからより付加価値の高い産業へと労働者をシフトする思い切った産業政策や雇用政策が必要ではないでしょうか。

介護業界の課題を解決する新たな技術

さらにもう一歩、高齢者の移動について踏み込んでみたいと思います。

地方が高齢者を受け入れれば、短期的には、受け入れ地域で介護職などの求人が増えることになります。しかし、それに応える求職者がいるとは限りません。

介護職などの担い手を持続的に確保していくためには、介護に就く人の給与を引き上げ、労働環境を改善することが必要です。しかし、要介護者1人あたりのマンパワーをこれまでと同じように投入し、しかも財源が介護保険料という状態が続く限り、従事者の給与を引き上げることは難しいのが現状です。

従事者1人あたりの所得を引き上げるもっとも有効な手段は、政府の戦略[注3]にも盛り込まれているとおり、現場や管理部門に技術革新やICT、ロボットなどを導入することにより、労働環境を改善し、生産性を高めることです。介護分野は、人と人、心と心が直接触れ合うサービスを提供する必要があることもあり、技術革新の恩恵を取り込みにくいという指摘があります。しかし、サービス水準を落とさず、より少ない人手で介護にあたるためには、ICTやロボットなどの導入を実現していくことを避けて通ることはできません[注4]。

具体的には、すでに進みつつある人感センサーによる見守りサービスのさらなる普及はもちろんのこと、要介護者情報のクラウド化や動画データの送受信による健康状態の確認、投薬管理、要介護者やヘルパーの肉体的負担を軽減するためのロボットスーツやそれに類するものなども、積極的に導入することが必要となります。ハードルは決して低くはないかもしれませんが、新たな技術の導入なしに介護業界が抱える課題を解決することは難しく、慢性的な人手不足を改善することはできないでしょう。

人口減少時代には人の流動性を高めるべき

日本は、地方だけではなく、多少の時間差こそあれ、間もなく大都市でも人口減少を迎えることになります。日本全体で考えれば、各産業の生産性を高めることや、より生産性の高い産業に労働者を振り向けることが不可欠と言えるでしょう。そうした中で、現代の日本では、大都市が必ずしも人口移動の受け皿であるとは限りません。すでに示したように、三大都市圏のうち大阪や名古屋は、オイルショック以降長期にわたり、人口移動の受け皿とはなりえていません。

大阪圏では、長期にわたり転出超過の状況が続いています。統計により多少のずれはありますが、5年ごとに実施される国勢調査を基本としてその間を補完する総務省の「人口推計」によれば、大阪圏の総人口は21世紀に入っておおむね1850万人で推移してきましたが、2010年以降減少が顕著となり、2014年までにピークからおよそ13万人の減少となっています。

オイルショック以降、長期にわたり転出入が均衡からやや転出超過の状況が続いてきた大阪圏では、若い世代の流入による人口増加が期待できなくなっています。その結果、大阪圏の人口ピラミッドは、おおむね日本全体の人口ピラミッドと相似形となっています。団塊ジュニアの世代が出産適齢期を脱しつつあり、現在の流出入と出生率が続く限り、大阪も全国と同様に、1世代を25年と想定すると、1世代ごとに若い世代の人口はおおむね30％ずつ減少することになります。

名古屋圏も同様です。2008年の1140万人をピークに、2014年までにおよそ5万人減少しています。

名古屋圏は、三大都市圏の中で最も製造業に依存した産業構造となっています。製造業では、収益性を高めるため、日々機械化やICTの導入に注力しています。その結果、企業収益が上がったとしても、生産現場から従業員の姿が減っていく可能性もあります。名古屋圏では、2007年にトヨタ自動車が過去最高益を上げるなど、リーマンショックを迎えるまでの数年間、地域経済は比較的良好な状態でしたが、この間も転入超過は微増にとどまりました。

大阪や名古屋では、これまで以上の成長を実現できなければ、今後も人口流入がほとんど見込めない状況は変わらないでしょう。しかし、こうした状況は、必ずしも否定すべきことではありません。大都市よりも成長する可能性の高い都市や地域があれば、そこが人口の受け皿になればよいのです。当然、そうした地域への人口移動を阻害しないことが、日本全体の経済成長を高める上で望ましいと言えます。

例えば福岡市は、安定した転入超過の状況にあることからわかるとおり、九州あるいは西日本の経済を牽引する都市へと成長を続けています。こうした成長の拠点がしっかりと人口を吸引し、富を生み出していける環境を創出することが重要となります。

すなわち、人口減少時代の日本で求められることは、成長力のある都市や地域・集落が、若い世代を吸引する自然な力を抑えつけることなく、逆に人口の流動性を高めることにほかなりません。

そのために行政が考えなければならないのは、移住先や空き家の紹介よりも、仕事と人のマッチングです。大都市に向けて紹介すべきなのは、移住募集やその支援制度よりも、求人情報やベンチャー立ち上げに向けた事業環境です。

地方にも、人手不足の仕事が数多くありながら、人材の流動性の低さによって、人材の確保がままならない企業や産業があることが知られています。注5 また、せっかくベンチャーの立ち上げに適した環境がありながら、それが広く一般に知られていないこともあるでしょう。そういう仕事や事業環境を目指し、地域内はもちろん、大都市からもうまく人が流れるような仕組みを作ることは、行政が移住フェアよりも優先して取り組むべき課題です。

「地方消滅」に惑わされない

人口減少が進む日本では、地域政策を考える上で、定住人口を増やすことよりも、より魅力的な仕事を増やすことに注力すべきであると言えます。魅力的な仕事がある地域は、たとえ従業者が隣町から通勤していたとしても、地域の活力がそう簡単に低下することはありません。

極端な例かもしれませんが、東京都は居住者1人あたりの県内総生産が他県に比べひときわ高い状況にあります。これは、周辺の千葉や埼玉、神奈川の労働者や消費者が集まって東京で経済活動を行うからにほかなりません。

逆に、大都市の活力に依存してきたベッドタウンは、人口の急減や高齢化によりいったん地域活力が低下し始めると、再浮揚することは非常に困難です。大都市の一角に位置しながら高齢化したベッドタウンのような地域の多くで、限界集落と同じような状況が生じ、すでに買い物難民が生まれています。こうした地域も、発想は地方の中山間地域と同じで、なりふりかまわぬ人口誘導策に打って出る可能性があります。

最も導入しやすく、比較的即効性のある人口誘導策は、子育て支援を周辺市町村よりも一段手厚くすることです。特に大都市周辺に位置し、高齢化が著しいベッドタウンを抱える自治体が手厚い子育て支援策を導入することは、近隣自治体から若い世代を呼び込む上で極めて効果的です。子どもの医療費助成について年齢制限を引き上げたり、保育料を引き下げたりする取り組みです。出産費用の援助や子育て世代向けの住宅費補助など、メニューは多彩です。

若い子育て世代にとって、とても助かる制度ですから、そのような制度が充実することは好ましいと映るかもしれません。確かに、経済的援助があることで、1人しか養育できないと考えていた夫婦が2人目を考えるようになるかもしれませんが、実際のところ、こうした取り組みが日本の出生率の引き上げにつながるのかと言えば、何とも言えません。第2章の自治体の人口ビジョンの項でも示したとおり、欧米先進国をみる限り、こうした子育て支援策が出生率引き上げに効果があるかどうかは、定かとは言えないのが現状です。

しかも、少し距離を置いて俯瞰してみれば、自治体が貴重な財源を投入して、狭いエリアで若い世代を奪い合っているようにしか映りません。本来、少子化対策として公的資金を投入するのであれば、特定の地域だけに優遇制度を導入するのではなく、日本中どこに暮らしていても経済的な恩恵は平等に受けられるべきです。

自治体を若い世代の奪い合いへと走らせるのは、およそ半数の自治体が消滅するとした日本創成会議の提言の中で、具体的に自治体名が名指しされたことの弊害ではないでしょうか。多くの自治体が、消滅可能性自治体との烙印を忌避し、なりふりかまわぬ人口誘導策に打って出ているのです。

消滅可能性の定義は、2040年時点の20歳から39歳の女性が、2010年に比べて5割以下になることです。しかし、国立社会保障人口問題研究所（社人研）の推計によれば、当該年齢の女性は、日本全体でも36％以上減少することになっています。さらに、日本創成会議は、大都市への人口移動は徐々に減ると仮定した社人研の推計と異なり、人口移動はあまり減少しないという仮定を置いて試算しており、地方の若い女性は一層少なくなるとみています。おそらく、この認識は正しいと考えられます。[注6]

したがって、5割という基準はそれほど特殊な状況ではないと言えるでしょう。多少でも若い女性が流出傾向にある自治体は、消滅可能性自治体と烙印を押されることになります。

それゆえ、およそ半数の自治体が消滅可能性を指摘されているわけです。

そもそも、消滅の判定基準である「女性の数が5割以下になる」というのは、急速な人口減少を誘引する1つの節目として採用されたに過ぎません。4割であろうと5割であろうと、長期的には人口は減り続けることになります。消滅可能性と認定されたからといって、急に状況が悪化したと考える必要はありません。

地域の魅力や成長力を顧みることもなく、安易に地方に若い世代を分散させようという政府の政策は、効果が不確かな補助金や公共事業に依存したものに流れがちとなり、日本全体の経済成長を滞らせる可能性が高くなるでしょう。狭いエリアのベッドタウン同士で若い世代を奪い合うことに財源を投入することの無意味さを今一度顧みて、魅力的な仕事を生み出すことに注力すべきです。

地域経済活性化の視点でこそ生きる2地域居住

政府は、「まち・ひと・しごと創生基本方針2015」において、高齢者コミュニティを地方に形成する方針を打ち出しました。高齢者移住を受け入れる地域で、建設や医療・介護、生涯学習などの需要が発生することを期待しています。

しかし、第1章で示したように、高齢者の移住を支援することで需要が地方に導かれ、地方への若い世代の定着性も高まるという発想には、いくつものハードルがあり、成功する地域は少ないことが予想されます。そもそも、高齢者の移動は極めて限定的です。また、好況期には若い世代は大都市に向かうため、地方で介護などの担い手を確保することは難しくなると考えられます。

地方の活性化に向けて都市に居住する高齢者の活用を考えるのであれば、単なる生活者としての移住を促すのではなく、さまざまな能力や資格を有するリタイア世代を、地方の企業で積極的に活用することを検討すべきです。実際の状況を定量的に把握することは難しいものの、東京などに比べて地方では高度な人材の確保が難しく、人材難の状況にあると指摘されることもあります。もし、地方の中小企業などで高度な人材に対するニーズがあるのであれば、東京でリタイアした高度人材が、時限的、あるいは定期的にでも地方の企業で働くことができるような環境を作り出すことが望まれます。そのような都市住民との関係性が構築できれば、地方の経済にとって大きなプラスとなるでしょう。

実際、企業や官庁を定年退職する人材の中には、経理や財務、法務、マーケティングや専門技術など、まだまだ企業で生かすことができる能力や資格を有する方が多いと考えられます。そうした人材が、暮らしの拠点は大都市に置きながらも、人口減少が進み、能力の高い人材の採用が思うにまかせない地方の企業、特に地場の中小企業で働くことができれば、地域経済の発展に貢献することにもなります。リタイア世代と地方の企業をつなぐ人材紹介などの仕組みを構築することが有効であると考えられます。

もちろん、政府が地方で進める高齢者コミュニティの形成においても、「地域社会との共働」として、比較的若い高齢者を働き手として認識しています。しかし、想定しているのは、高齢者の雇用安定化のために設けられた短期で軽易な業務を請け負うシルバー人材制度の域を出ていません。

本書で推奨したいのは、豊かな経験や高い知識、高度な技術を有する地域の中では採用できないような人材を、東京などの大都市に居住する高齢者に見出すものです。交通費などの必要経費と比較的安い人件費で出張、もしくは2地域居住のような形で、地域に滞在しながら就労してもらう仕組みです。

人口減少時代には、より少ない人手でより多くの付加価値を生み出していくという発想が必要です。そのため、地方においても、高い能力や技術を有する人材の確保が不可欠となるでしょう。その打開策の1つとして、ハードルが高く効果が不確かな高齢者移住に一足飛びに解を求めるのではなく、大都市でリタイアした高い能力を有する高齢者との連携も検討に値します。地方に必要なのは、高齢者コミュニティではなく、高齢者の高度人材を地方の中小企業などが時限的にでも採用することができるような人材の流動化です。

そして、そのような形で定期的に地方都市を訪れる高齢者の一部でも地域に愛着を持ってもらえれば、結果的に移住の拡大につながるかもしれません。移住ありきの政策ではなく、仕事ありきの政策に回帰すべきです。

同じ付加価値の仕事なら人手を減らす

人口減少時代に経済の成長を追い求めるには、一定の収益や付加価値を生み出す仕事をなるべく少ない人手で担っていくことが基本となります。これは、製造業に限らず、農業をはじめ多くの産業・分野に当てはまります。前段で介護分野が雇用の受け皿という発想からの脱却が必要であることは説明しましたが、これは一部を除いて多くのサービス業にも言えることです。

一般に、労働集約的であるサービス業は生産性向上という発想が当てはまりにくいとされてきましたが、今後訪れる急速な人口減少は、そうした旧来の考え方への固執を許すことはないでしょう。特に地方のように人口減少と高齢化が都市部に先んじる地域では、労働力の担い手の減少が需要減より先に到来するため、あらゆるサービスで人手不足が生じることになります。

実際、中山間地域では、若い世代の流出なども手伝って、建設業をはじめ、さまざまな業種で人手不足であるという声を聞きます。以前は、地元建設事業者が公共事業や除雪作業を受注して農閑期の現金収入源の役割を担っていましたが、近年ではなかなか人手が確保しにくくなっているようです。生産性を高めることで人手を減らすことができる企業やサービス以外、生き残ることは難しくなります。

バブル崩壊以降、雇用が増えない時代に、1つの仕事を複数人で分け合うワークシェアリングが注目されました。1人あたりの賃金を抑えつつ、雇用の数を優先する手法です。政府が、企業による人員整理を防ぐことを目的に、ワークシェアリングを推奨したこともあります。

しかし、ワークシェアリングは、多様な働き方の1つとして短時間労働を実現したり、景気悪化により雇用がだぶついたりしたときに意義を見出すものです。単に雇用の数を求める後者の場合は、あくまで緊急避難的な政策であると位置づけるべきです。1人あたりの賃金を引き上げることが求められる人口減少期にはそぐわない政策と言えるでしょう。

人口減少に直面する地方では、なりふりかまわぬ人口誘導策に出る可能性があることは何度も指摘してきました。その際、明確にワークシェアリングとは言わないまでも、結果的に仕事を分かち合う発想の取り組みとなってしまうことには注意が必要です。

例えば、国の補助で実施されている緊急雇用対策はワークシェアリングとは言いませんが、生産や売り上げの伸びが期待できない中で人員を増やせば、結果的にワークシェアリングと同じことになります。まして、この手の事業には多額の税金を投入していることから、あくまで緊急事態に限った対策とすべきです。

仕事をなるべく少ない担い手に集約し、1人あたりの所得や付加価値を高めなければなりません。高い賃金が支払えないにもかかわらず生産性を高めることができない産業は、必ず慢性的な人手不足となります。外食の全国チェーンが店舗を回す人手を確保することができず、店舗を絞り込んだり、営業時間を短縮したりといったニュースが流れたのは記憶に新しいところです。

より少ない担い手に仕事を集約した結果、人材が余剰になった場合は、別の仕事を得られるよう、産業育成や再教育プログラムなどを支援するとともに、人材の流動化にも取り組むことが必要となります。

農業には活路がある

仕事を集約するという発想に最も親和性が高いのが米作農業です。北海道を除く日本の米作の場合、1経営体あたりの平均的な水田面積は1・5ヘクタール程度に過ぎません。この面積だと、コメの産出額は年間170万円程度にとどまります。生産に必要な物財費を差し引くと、利益はおよそ50万円となる計算です。ただし、ここでは一般的な農家の経営を想定しており、50万円の利益とはいっても、いわゆる企業で言う営業利益とは異なり、実質的に人件費に相当すると考えてよいでしょう。

当然、米だけを作っていては生活が成り立たないため、多くの農家が兼業農家です。しかし、そうした小規模な農家の農地を10軒分集め、1軒の農家が担っていくことができれば、コメ作りの専業農家を育てることができるかもしれません。農村地域においても、中長期的にはこうしたドラスティックな構造の変化が必要であると考えられます。

現代の農業は、跡継ぎ不足や耕作放棄地のイメージから人手不足と考えがちです。しかし、農業の総生産額からみると人手は過剰であると考えるべきです。各農家が後継ぎ確保に走るのではなく、農地集約を経て地域農業を持続的に担っていく中核的な農家を育てることが必要と言えるでしょう。

農地集約という発想は、必要に迫られているということもあり、すでにかなり根付いてきています。過去10年で、1経営体あたりの水田面積は1・5倍になりました。もちろんこれは、農家1軒あたりの農地面積を積極的に拡大しようという動きによりもたらされたとばかりは言いきれず、小規模農家が離農したことによる効果も含まれています。しかし、農地集約の動きは確実に進んでいます。

20年前の中山間地域には、新規就農希望者が1枚の田んぼを借り受けるのですら容易ではなく、まして伝統的な農家住宅を借りることなど考えられないような状況がありました。田畑があればすぐにでも農業が始められると考える人もいるかもしれませんが、意外と住宅も重要です。資材や機材の保管、収穫物の選別から洗浄、箱詰めなどのために、たっぷりとしたスペースのある伝統的な農家住宅は極めて有用であり、これは新規に農業に参入する人にとっても同様です。団地タイプの公営住宅に暮らしていては、本格的に農業に参入する上でさまざまな不都合が予想されます。

しかし、この20年で状況は劇的に変わり、農地の借り受けや買い上げを希望する声が、就農希望者や農業生産法人に多く寄せられるようになりました。山林に関しても同様です。山林では、すでに山の所有者がだれかわからないほど林業そのものへの関心が低下している一方で、新たに林業に参入したい若者もいます。

住宅も、古民家ブームもあり、売買や賃貸借が成立するようになっています。新規就農者が参入しやすい環境が整いつつあると言えるでしょう。

近年、若い世代には、農業に対するあこがれが着実に広がっています。新規就農者の分類の1つである、農家世帯員ではない人が新たに就農する「新規参入者」は確実に増えています。農林水産省のまとめによれば、農業への年間新規参入者は、過去4年間で1730人から3660人に倍増しています。もともとの農家世帯員が新たに就農する新規自営農業就農者や、農業生産法人などが新たに雇用する新規雇用就農者は、新規就農者の大半を占めますが、両者は近年横ばい傾向で増えていません。新規参入者の増加ぶりが目立ちます。

しかも、新規参入者は年齢構成が現在の農業就業者に比べて若く、40歳未満が過半数を占めています。順調に技術を身につければ、ゆくゆくは地域の農業の中核的な担い手となることが期待されます。

ただし、新規就農者が自立することは容易ではありません。第2章において、福島県二本松市東和地区の新規就農者に対する手厚い支援策を紹介しました。こうした地域による手厚い後押しがあっても、新規就農者が農業だけで自立することは難しいという厳しい現状があります。

将来的には、中核的な担い手になってもらうことが期待される新規就農者に農地を譲り渡す場合でも、地域で協力し合い効率的な農業を営める農地に仕立てておくことが望ましいと考えられます。新規就農者にありがちな分散した農地では、いくら総耕地面積が大きくても、結局非効率な経営となってしまいます。地域の中核的な担い手には、なるべく1カ所に集約した効率的な農地を提供することが必要です。新規就農者を受け入れるからには、食える農家に成長させることが受け入れ地域の責務と言えるでしょう。

〈注〉

注1　日本創成会議「ストップ少子化・地方元気戦略」2014年5月8日　43ページ。地方へ人を呼び込む魅力作りの一環として提言しています。

注2　2010年までのデータは国勢調査、2014年のデータは住民基本台帳人口移動報告によるもので、必ずしも母集団は一致していないことには注意が必要。なお、ともに調査実施は総務省です。

注3　「まち・ひと・しごと創生基本方針2015」2015年6月30日閣議決定

注4　星貴子「東京圏における高齢者介護の課題と求められる取り組み～基盤となる高齢者の生活拠点の確保に向けた課題」日本総合研究所　JRIレビュー Vol.10,No.29 p.44

注5　冨山和彦『なぜローカル経済から日本は甦るのか』ＰＨＰ新書、１７６ページ以降。冨山氏は、ローカル経済圏である地方では、とりわけ高い専門能力を必要とする仕事は少なく、転職などが比較的容易な職種で雇用が生まれていることから、潜在的には人材の流動性は高いと考えられるものの、産業構造の特性上、低生産性企業の退場が進みにくく、そうした企業に多くの従業員が張りついており、結果的に人材の流動性の低い状況が生じているとしています。

注6　藤波匠『地方都市再生論』日本経済新聞出版社、10～40ページ

第　4　章

新しい仕事を生み出す仕組み作り

地場産業の周辺に可能性

ここまでは、主に既存の産業を前提に、社会や経済の持続性を高める取り組みについて考えてきました。既存の産業に発展性が見込めない場合や新規産業を育てる場合には、どのようなことを考えればよいのでしょうか。

例えば、メガネフレーム加工で有名な福井県鯖江市には、越前漆器という伝統産業が根付いています。この地は、古くは、多くの漆掻《うるしか》き職人[注1]を抱えるなど国内漆器業界の一大拠点であり、現在でも漆器製造にかかわる一連の素地工程から塗り工程、加飾工程まですべての工程がそろい、業務用漆器のシェアが最も高い全国有数の産地です。

しかし、近年漆器の国内販売額は減少の一途であり、国内全体の売上はピーク時の20％を下回っています。もちろん、越前漆器もその影響を免れることはできません。

そうした中、越前漆器の業界では、漆塗りの素地となる木工製品に注目が集まっています。木地《きじ》と呼ばれる漆を塗る前の木工製品は、数名の専門の職人によって複数の工程を経て生み出されます。そうして作られた木地は、漆を塗る前でも十分に使用や鑑賞に耐えるものです。

そのため近年は、木地製品自体を最終商品として市場に流通させることにより、漆器全体の売り上げの低下を補おうという動きが出てきました。さらに、漆器でつちかわれた木工技術を生かし、文房具やスマートフォンケースなど、従来の食器とはまったく異なる用途の木製品を製造し、高級ブランドとして、地元はもちろん、積極的に都市部で販売する企業が現れています。

こうしたモノづくりの風土と新たなフィールドへ打って出るチャレンジ精神にあこがれ、鯖江に移り住む若者も出てきています。合同会社ツギ（ＴＳＵＧＩ）は、学生時代に鯖江市の河和田地区で毎年行われる学生のアートキャンプ[注2]を経験したＯＢやＯＧが河和田地区に設立した会社です。

地場のメーカーなどと連携し、漆器に限らず、メガネフレームなどさまざまな地場産業の製品にかかわるデザイン提案から販路開拓、さらには技術を生かしたまったく新しい商品の開発にまでチャレンジしています。この会社が立ち上がったことで、複数の若者が定着できるようになりました。

鯖江では、売上げの低下に見舞われている伝統産業の技術やデザイン、発想力を生かし、新しい商品展開を行うことで、決して多くはないかもしれませんが、新たな仕事を生み出そうとしているのです。

葉っぱビジネスはその周辺にこそ新規雇用がある

徳島県上勝町には、地域作りとして日本で最も有名と言っても過言ではない「葉っぱビジネス」があります。地元のおばあちゃんたちが、携帯情報端末を駆使して、日本料理でつまものとして利用される葉っぱを売っています。多い人は年間1000万円以上売り上げるという触れ込みで、映画の題材にもなり、全国で知らぬ人はいないくらいの存在です。

おばあちゃんが葉っぱを売って1000万円というストーリー性の高さもあって、視察は引きも切らない状況です。しかし、視察者が地元に戻って、同じビジネスモデルを構築できるかといえば、極めて難しいと言わざるをえません。

このビジネスモデルは、単におばあちゃんが山で拾ったモミジや柿の葉を売っているわけではなく、自然を知り尽くした人材が、市場受けする葉っぱのなる木を育て、極めて戦略的に出荷するものです。特にポイントとなるのは、320種におよぶ多品種の生産、直販、即日発送など市場のニーズに確実に対応するシステムを構築している点です。さらに、ピークを外して出荷する技術と量の確保も特筆すべきでしょう。春に桜や梅、秋に赤いモミジや柿の葉を出荷しているだけでは、過当競争となり、売値も安くなりがちです。秋に桜や青いモミジのニーズにも応えられてこそ市場の信頼が得られ、収益性も上がるのです。

その背後には、マーケティングやビジネススキームの構築によりおばあちゃんたちを支援する、株式会社いろどりという第三セクターの存在があります。研修の実施や市況情報の提供なども担っています。

いろどりの支援の下、葉っぱビジネスに参加する世帯では、コメや野菜、キノコや花木の生産から葉っぱに転作してきました。所有する山林や畑に、市場性の高い葉っぱが育つ木本《もくほん》植物を植え、必要に応じてビニールハウスを設置するなど、極めて戦略的に、言わば葉っぱを収穫物とする先端的な農業を行っているのです。

ここまで来るのに30年の年月がかかっています。だれもがまねのできるものではありません。上勝町の市場シェアは70%に及び、他の追随を許さない状況です。

近年、上勝町に移住してくる若者が増えています。では、この葉っぱビジネスが若い移住者に門戸が開かれているかと言えば、必ずしもそうとは言えません。葉っぱビジネスには、物理的に山や畑といった不動産を必要とするだけでなく、自然を相手にしたビジネスであり、知識と経験が必要です。しかも1年目から商品ができるとは限らない木本を商売の種にすることが多いため、新規参入のハードルは、域内の移住者にとっては高いものとなっています。200軒ほどある葉っぱビジネスにかかわる農家のうち、9割以上が地元出身者です。

しかし、すでに上勝町は多くの若い世代にとってあこがれの地となっており、次々と若い移住者やインターンが町を訪れます。それは、葉っぱビジネスとともに、並行して町が進めているゼロ・ウェイスト（リサイクルビジネス）の両者の波及効果によって、新たな仕事が生み出されているためです。

例を挙げれば、前出の株式会社いろどりも、従業員のすべてが町外出身者です。このビジネスの生みの親である横石知二氏も町外出身で、従業員として働く若手もさまざまなルートからいろどりにたどり着き、葉っぱビジネスをサポートしつつ、海外展開や新たなビジネスを模索しています。

現在、株式会社いろどりでは、葉っぱビジネスのシンボルとして、拠点となっている月ヶ谷温泉付近の山に、地域から出荷しているような色とりどりの木本を植えることで、四季折々の美しい景観を作るプロジェクトを進めています。まさに「いろどり」を体現する地域となることで、地域そのものの価値を高める戦略です。それによって視察旅行者や観光客を増やし、地域の雇用をさらに増やすことを目指しています。

ICTが起業環境を劇的に変えた

近年、地域に起業家を招き、経済の活性化と移住者の確保を果たそうという動きも目立っています。島根県江津市には、「てごねっと石見」というNPO法人があります。この団体は、大型商業施設が撤退して衰退が著しい江津駅周辺を本拠地に、地域における起業支援や人材育成を目指して活動を続けています。

ビジネスプランコンテストを実施し、優れた企画を提案した起業希望者に対して、ビジネスのノウハウを提供するとともに、地域の人材や企業とのネットワークの構築を支援し、資金調達のサポート（金融機関の紹介など）も行います。もちろん、いきなり経営が順風満帆になり急成長を遂げ、多くの雇用を生むような企業が立ち上がるわけではありません。飲食店や宿泊施設などが中心とはなりますが、地域にとってはかけがえのない起業であり、移住者と言えます。

もともと地方の地域コミュニティは、結束力が強いものの、悪く言えば排他的な面があり、地域に流入する若い起業家にとって、一からネットワークを構築することは容易ではありませんでした。人材育成はさておき、地域の関係者や企業とのネットワーク構築を支援してくれる組織の存在は、どのような企業を立ち上げるにせよ、この上ない創業支援となるでしょう。こうした着実な活動が、地域経済押し上げの種や芽となり、若い人の定着につながることになります。

地方における起業環境を支える社会基盤として、近年は情報通信ネットワークの存在が不可欠となっています。光ファイバーの敷設などにより、地方においても何不自由なく高速通信ネットワークにアクセスすることが可能となりました。

こうした環境を生かしてサテライトオフィスの誘致に成功した徳島県神山町の例はつとに有名ですが、すでに挙げた先進地の多くが、大都市や世界とのネットワーク上での距離をゼロにする情報通信網の恩恵を受けています。情報を集め、発信し、世界中とつながって仲間を増やしています。

山奥にサテライトオフィスを誘致し、地域や特産品の魅力を直接都市住民に届けることが可能になりました。株式会社いろどりは、葉っぱビジネスに参加するおばあちゃんたちが、タブレットなどを用いて出荷状況や個人の売上内容をリアルタイムで把握できるいろどりシステムを構築しています。

職員の採用に関しても、インターネットを介して多様な人材を採用することができるようになっています。てごねっと石見もいろどりも、2016年からは合同会社ツギも、都市の若者をインターンとして採用しています。その募集や採用に関しても、インターネットを介することで幅広い人材から選考することができるようになりました。

かつて条件不利とみられた中山間地域であっても、ICTの環境が整ったことで地域の魅力を発信することが容易となり、それにあこがれる若者や起業家にとっても、移住などのハードルがまた一段低くなったと言えるでしょう。前章で触れた「人の流動性」の観点からみれば、適材適所に人材を配置することもICTによって容易になったわけです。

反対に、ＩＣＴなど地域の持続性を高めるインフラ整備が進み、実際にその新しい社会基盤を活用して新たな仕事を生み出すことに成功した地域がある以上、その他の地域にとっては、言い訳ができない厳しい状況に置かれるようになったとみることができます。

ＩＣＴは富の偏在を拡大したと言われていますが、地方においても同様な現象を引き起こしています。ＩＣＴをうまく使うことができる地域とそうでない地域とで、地域経済や若い人の流入において大きな格差が開きつつあります。

中山間地域ならではのブルーオーシャンを狙う

これまで日本では、新産業の創造や起業は低水準に留まっていましたが、今後はそうした状況は少しずつ変わってくると考えられます。しかも、その現場は地方です。

近年、市場をレッドオーシャンとブルーオーシャンに区別して、マーケティングを考えることが増えています。レッドオーシャンとは、競争の激化が避けられない既存市場を指します。一方、ブルーオーシャンは、新規開拓されたことなどにより競争相手がおらず、しかも一定の収益が期待できる市場です。過疎が進み企業が撤退する地方は、アプローチ次第ではブルーオーシャンと考えることが可能です。

地方では、急速に人口が減少することによって、さまざまなサービスが需給双方で過疎状態になります。過疎が進んでくると、サービスの需要者たる住民が減るだけではなく、同等かそれ以上のペースで供給者も減少します。

公共交通を例に考えれば、人口減によりバスの利用者が減るのと同時に、若い担い手が少なくなることで運転手を確保することが難しくなり、事業としてバスを運行することを断念せざるをえなくなる地域が出てくるでしょう。そうした地域で、自動運転やカーシェアリング、自家用車への相乗りなどを複合的に組み合わせることで、人件費を抑えた新しいタイプの地域モビリティビジネスが構築できるかもしれません。

近年、買い物難民対策として、再び注目を集めているのが移動販売車です。モータリゼーション以前、買い物のために日常的に街まで出ることが困難な人が多かった時代には、移動販売車は全国各地に広く浸透していました。しかし、マイカーの普及やスーパーマーケットの出店などにより、徐々に全国からその姿を消していきました。

ところが、移動困難な高齢者が中山間地域に増えたことにより、再び移動販売車がその存在感を増しています。地元のスーパーマーケットなどと提携し、実際に車で販売する者は販売だけを担い、売れ残りリスクを負担しない新しいビジネスモデルを構築し、全国で急伸している例もあります。[注3]

たとえ人口が減少するとしても、地域の持続性を高めるため、新しい発想でサービス需要者の希薄化というハードルを乗り越えるサービスやビジネスモデルを構築することができれば、競合他社の少ないブルーオーシャンの市場を手に入れることが可能となるでしょう。

もっとも、ビジネス的に成功すれば、ライバルの参入を呼び込む可能性があります。ビジネスである以上競争は避けられないものの、先行者利得を生かし、後発者の追随を許さない強固な参入障壁を構築しておくことは企業経営の鉄則です。先に紹介したつまもの用の葉っぱを販売する徳島県上勝町の葉っぱビジネスは、長期にわたる取引に基づく信頼関係と高度な生産・販売戦略によって他の追随を許さず、全国のつまもののシェアの70%を確保しています。

地域の課題を解決する「何でも屋」を育成

仕事を作るとは言っても、人口減少地域では需要に限りがあり、ビジネスとしての見通しは決して明るくありません。過疎地域では、少数の顧客が広域に分散するため、サービス供給の効率が悪化します。例えば訪問介護やデイサービスなどの事業所を立ち上げたとしても、単一のサービスを提供するビジネスモデルでは、事業の発展が望めないばかりか、事実上サービス供給ができなくなるという地域が多いと思います。

こうした状況で考えるべきは、提供するサービスの種類を増やし、複合的なサービスを提供することでビジネス全体を成り立たせる方策です。

第2章で、休校していた小学校を再開させた事例で取り上げた岡山県笠岡市の笠岡諸島には、かさおか島づくり海社というNPO法人があります。笠岡諸島は、諸島を構成する7つの有人の島を合わせても人口は1954人しかおらず、高齢化率は66%に達します（2015年10月1日現在）。かさおか島づくり海社は、このような離島で暮らし続ける上で生じるさまざまな課題を解決することを目的に、2006年にNPO法人格を取得し、体系的なサービスの提供を開始しました。[注4]

島づくり海社の活動は、デイサービス、コミュニティバス運行、島のきずな便（買い物支援）、特産品開発、保育園運営、空き家対策、笠岡諸島のプロモーションなど、書き切れないほど多岐にわたります。デイサービスの施設はすでに4カ所設置されており、現在さらに多様な高齢者福祉施設の提供を目指しています。

島のきずな便は、本土のスーパーに発注のあった商品を、島づくり海社が島の港で受け取り、仕分けして各戸に配達するサービスです。商店のほとんどない島での暮らしを支える生命線となっています。

保育園事業に関しては、就学前の子どもが複数名いた六島において、2006年に市があゆみ園という名称の保育園を設置しました。あゆみ園は、島づくり海社がその運営を担う公設民営の保育園です。そうした子育て環境の整備が、第2章にあるように、4年間の休校を経て、2007年の六島小学校の再開につながっています。

しかし、どのサービスも需要に限りがあることから、それぞれ単体では事業の維持は困難です。例えば、薄利の買い物支援やそもそも収益源が見当たらない空き家対策だけで、組織を回すだけの収益を上げることが難しいのは自明です。

島づくり海社は、市役所などと連携し、地域の暮らしを支えるサービスを一手に引き受け提供する「何でも屋」です。複合的なサービスを提供することで、持てる資源を効率よく活用し、ビジネスとして成り立たせているわけです。

もちろん、福祉分野などにおいて公的役割を担っていることから、純粋な民間ビジネスではありません。しかし、民間に近い組織が地域の公的サービスを担うことで、ムダが抑えられて効率性の向上が期待されるとともに、一定の雇用が生み出されています。

行政が「何でも屋」を設置する高知県

高知県では、県庁が主導して「何でも屋」を設置しています。高知県が設置を進める集落活動センターは、人口減少・高齢化地域においてさまざまな課題を一括して解決することを目指す住民組織です。中山間地域を中心にすでに18カ所が設置されており（2015年6月現在）、地域や集落の維持に不可欠なサービスの担い手になろうとしています。

集落に若い構成員がたくさんいたころには集落内で解決できた課題も、人口減少と高齢化によって対応しきれず、放置されることが多くなってきました。集落活動センターは、こうした地域課題の解決を一手に引き受けることを目指しています。具体的には、草刈りや農業用水の維持、買い物支援、宅配サービス、福祉サービス、防災、鳥獣害対策、地域産品の開発・製造などです。

ほとんどの集落活動センターが、各地に配置された高知ふるさと応援隊（総務省事業の地域おこし協力隊や集落支援員）[注5]を中心に、地域住民や住民団体によって構成された協議会により運営されています。住民自治を目指した組織ではありますが、見方によっては行政色を残した取り組みと言えるでしょう。

そうした中で、四万十市のみ、もともと地域にあった株式会社が集落活動センターの業務を請け負っています。この株式会社は大宮産業と言い、四万十市の大宮地区に唯一あったガソリンスタンドが撤退したときに、事業継続のために住民が自ら出資して立ち上げた会社です。ガソリンスタンド運営のみならず、併設する売店を拠点とした買い物支援、地域特産品の販売や東京の百貨店との取り引きを模索するなど、多角的な事業展開をしてきました。四万十市では、大宮産業がこれまでの事業経験を生かし、集落活動センターを担っていくことになったのです。

もちろん民間企業が集落活動センターを担っていくとはいっても、提供するサービスのうち不採算となりがちの福祉系のサービスは、行政との連携が不可欠です。しかし、大宮産業のように、特産品開発やガソリンスタンド経営は、やりようによっては収益が期待できます。実際、大宮産業は、設立以来これまで黒字を維持しています。

集落活動センターを担うのが民間企業であれば、地域に必要最低限のサービスを提供することにとどまらず、例えば特産品開発や観光振興に力を入れ、交流人口を増やし、にぎわいの創出をもたらすかもしれません。そうして得られた収益を他の事業に回すことができれば、センターの活動に対する行政からの支援はより小さくできる可能性があります。

「何でも屋」は民間経営が望ましい

こうした何でも屋は、過疎が進み需要が低下する地域であっても、複数の事業を束ねることで一定のビジネス規模を創出することが可能となることから、民間の参入を図る上で欠かすことのできないビジネスモデルとなっていくでしょう。

ところで、なぜそこまで民間にこだわるのかという疑問が生じるかもしれません。

その理由は、まず、こうしたサービスを必要とする地域は、少数の例外的な存在ではないということです。過疎に指定されている市町村は全国で797あり、全市町村に対する割合は46・4％です。[注6] すなわち、全国市町村の半数に近い自治体が、過疎地域を抱えているということです。また、こうした過疎の地域に住んでいる人口は1100万人を超えており、総人口に占める割合はおよそ9％です（2010年国勢調査）。

これだけの規模の市町村で民間ビジネスが衰退し、総人口の1割近い人口を支えるのが国や地方自治体の財源に依存した公共丸抱えのサービスのみになってしまうというのは、日本全体で考えたときに極めて非効率的であると言えるでしょう。最近では少なくなってきたとはいえ、補助金で設置されたさまざまな地方活性化のための施設などでは、非効率的な運営が依然とし散見されます。

地域の特産品を作るため、農林水産省の補助金などを活用して設置された農産物加工所を例に考えてみましょう。地域で収穫された大豆を使ったみそ造りをイメージしてください。清潔で広々とした加工場の片隅に、みそ造りのために大豆をすりつぶし、ミンチ状にするミンサーという機械が設置されています。ところが、みそ造りは年間1〜2カ月しか行わないため、このミンサーが、年間の大半はシートをかぶせられて眠っているという例をみたことがあります。

もしこれが民間企業であれば、保有設備のこうした活用方法はありえるでしょうか。ミンサーの低い稼働率を引き上げることが収益に直結するはずです。おそらく、それが補助金で設置されていようと、自己資金での設備投資であろうと、他用途に転用したり、他の地域から味噌造りを受託したりと、とにかく装置を使い倒すことを考えるはずです。

こうした企業が保有する資源を効率的に活用するために、資源の多目的、異分野利用を進め、多様なサービス供給や製品製造を行う多角経営に乗り出せば、事業全体でコストの圧縮が図られます。こうした効果を「範囲の経済」と言います。同一の製品を数多く作り、コストを圧縮する「規模の経済」と対になる概念です。

人口減少が進む地域のビジネスモデルには、経営資源を多様な用途で活用する範囲の経済の概念が不可欠です。例えばコミュニティバスとして運用している車両を、デイサービスや保育園の送迎、荷物の運搬などにフル活用することが考えられます。また、宅配の配達員に高齢者の見守りを担ってもらったり、飲食店の板前さんに地域の特産品開発をまかせたりしたっていいわけです。

つまり、過疎地域で暮らす人にはいくつもの肩書きを持って生業を増やしてもらい、すでにあるインフラや設備にはとことん働いてもらうという発想です。地方のように、人口減少が進み、しかも財政的な余裕もなくなっていくであろう地域では、範囲の経済という考え方に基づいた効率的な事業形態が必要です。それができるのは民間の事業者にほかなりません。

人口増を焦るな

こうした仕事作りにもかかわらず、これからも地方の人口は減り続けるでしょう。ここまで挙げてきた企業や雇用の創出にかかわる取り組みによって、東京の転入超過がゼロになるかと言えば決してそうはならず、大半の市町村や地域が転出超過であるという現状は変わりません。また、一部の雇用創出に成功しつつある地域でも、新たに生まれた雇用による人口吸引力に自然減を補うだけの流入を期待するのは酷です。

長年葉っぱビジネスに取り組んできた上勝町では、若い人の流入があるものの、全体としては依然として転出超過です。しかし、1980年代には年間100人近い転出超過となった年もあった状況からみれば、長年の産業振興により、近年では、年によっては転入超過と

図表 4-1 徳島県上勝町の転入超過

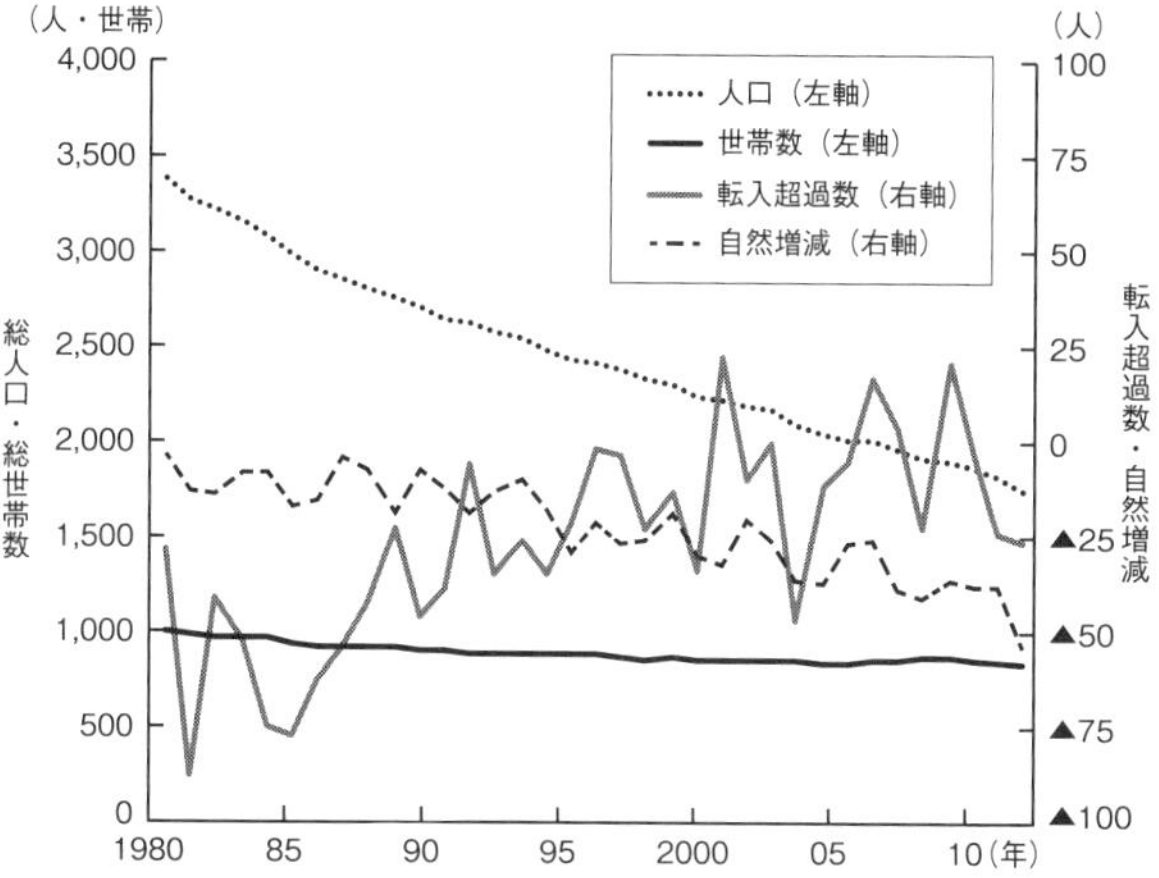

(資料)上勝町「住民基本台帳」

なることもあり、地域の取り組みが成功に向かいつつあると言えます(図表4-1)。これからしばらくの間は大幅な自然減が続くことから、総人口の減少を止めることはできないかもしれませんが、こと転入超過をみれば、30年に及ぶ産業振興の成果がここに来て結実しつつあると言えるでしょう。

重要なことは、短期的に人口の減少を抑制しプラスマイナスゼロの水準にするとか、ましてプラスに持っていくということではなく、たとえ少なくてもいいから持続的な暮らしが営めるような仕事を1つずつ積み上げていくということです。しっかりとした仕事が生み出される地域では、いつかは人口減少も止まります。

　焦って補助金などに依存し若い人を集めることばかりに注力すれば、結局は収入が安定しない移住者世帯を生み出すだけに終わります。そうした世帯は、補助金の打ち切りとともに地域の外に流出していく可能性が高いと考えられます。

　問題は、さまざまなサービスを必要とする需要者とそれを供給する若い世代がともに減少する時期をいかに乗り切るかということであり、これは大都市も中山間地域も同じです。持続的な仕事のない状況で、焦って若い人を呼び込むことに投入しようとしていた資金を、人口減少に耐え、雇用を創出するための投資へと切り替える必要があるのです。

　さらに、人口減少を前提とすれば、人口減に耐えうる都市や地域の形成という発想のまちづくりも急務となります。こうした取り組みについては、第6章で触れることにします。

〈注〉

注1　漆掻き職人は、全国の漆の木から樹液を集めてくる専門家です。専用の道具で漆の幹に傷をつけ、そこから出てくるわずかな漆を集めて回ります。漆器の世界は、漆掻き職人のほか、木地師、塗り師など工程ごとの細かな分業体制のもとに成り立っています。

注2　うるしの里活性化推進事業実行委員会が毎年、鯖江市で実施している河和田アートキャンプ。100人以上の大学生が古民家に共同生活しながら、創作活動に取り組んでいます。

注3　徳島県発の「とくし丸」という移動スーパーは近年成長著しく、全国に移動販売を担う販売パートナーを増やしています。

注4　NPO法人格を取得する以前から、官民それぞれの福祉や島おこしのための活動が動いており、2006年に改めてNPO法人かさおか島づくり海社が設立されました。

注5　集落支援員制度は、地方自治体からの委嘱を受けた、地域の実情に詳しく集落対策などに知見を有する人材が、市町村職員と連携して、集落の巡回、状況把握等を実施するものです。地域おこし協力隊との差異は、自治体との距離感と役割、それに加えて都市からの移住者ではなく、地域の実情に詳しい人が対象となっていることです。専従者の場合、支援員1人あたり年間350万円、自治会長などが兼務する場合には40万円を総務省が手当てします。

注6　2014年4月5日現在。全国過疎地域自立促進連盟のホームページより。

第　5　章

地方大都市の果たすべき役割

大都市には日本経済を牽引する責任がある

ここまで、主として中山間地域に位置する農山漁村や過疎地域のあり方について検討してきました。この章では、目を大都市に転じて、今後の大都市のあり方について考えていきたいと思います。

日本全体で人口減少が続く状況で、地方の大都市はどのような考え方で持続的な地域作りを目指せばよいのでしょうか。基本的な方向性は、中山間地域と何ら変わることはありません。人口を集めることに固執せず、持続的な雇用を創出することです。

すでに示したように、仙台や福岡のような中枢都市では当然のこと、各県の県庁所在地クラスの都市でも、周辺市町村から来る若い人材の集積がみられます。若い世代は都市的な暮らしを求め、大都市に流入する傾向があります。田舎暮らしや農業に対するあこがれから、たとえ若い世代に地方移住ブームが盛り上がったとしても、最終的にそうした暮らしを選択する人、あるいは選択できる人はそう多くはないでしょう。人口比でみれば、ごく少数に過ぎないと考えられます。日本全体を俯瞰的にみれば、都市部に若い世代が流れる状況は今後も続くでしょう。

一方、大都市は、周辺からの人口流入があるからと満足してはいけません。日本全体で減りゆく若い世代を吸引する以上、東京はもちろん、県庁所在地クラスに至るまで、大都市は、より多くの富を生み出し、日本全体や周辺地域の経済を牽引する責任と、広域都市圏の社会システムを維持するための中心的な役割を負わされていると考えるべきです。

本章では、地方の大都市が日本の経済を牽引し、地域の持続性を向上させるための戦略について考えます。

大阪の衰退は止められるか

大阪圏は、オイルショック以降、人口流出が続いています。それでも自然増が人口流出を上回っていたことで人口は増え続けていましたが、2010年、ついに総人口が減少に転じました。

大阪圏のうち奈良県は、1999年に他に先んじて人口のピークを迎え、そのまま減少に転じましたが、残りの3府県は21世紀に入っても微増を続けていました。それも、京都府、兵庫県、大阪府の順でピークを打ち、地域全体で人口減少期を迎えるに至りました。加えて、統計上大阪圏には含みませんが、産業集積の効果とともに、大阪や京都のベッドタウンとしての役割も担いつつ人口を増やし続けてきた滋賀県も、２０１４年を境に人口減少に転じる見通しです。

長期にわたる転出超過から予想されていたこととはいえ、日本第2の都市圏が人口減少に転じたということは、衝撃をもって迎え入れられるべきニュースです。しかし、実際にはほとんど話題に上ることはありませんでした。それは、人口規模では第2の都市であっても、経済的な活力の低下はいかんともしがたく、すでに大阪が実質的な一地方都市に甘んじていることを多くの人が受け入れていたからではないでしょうか。

東証1部に上場している企業の時価総額をみると、大阪圏に本社を置く企業で最も大きいのは18位に位置する武田薬品工業です。次いで22位に位置する村田製作所ですが、1位のトヨタ自動車や14位のデンソーを抱える名古屋圏からみても見劣りする状況です。[注1]

しかも大阪圏からは、大手企業の本社機能の流出が止まらない状況です。特に銀行は、3つのメガバンクに集約されていく過程で、大阪に拠点を置いていた都市銀行が、本社（本店）

のすべてを東京に移してしまいました。製造業でも、関西を拠点としていた鉄鋼事業者の一部が、経営統合を機に本社を東京に設置した例があります。また、依然として関西に本社を置く企業であっても、東京にも本社機能を置く複数本社制度を導入している例もみられます。

こうした一連の企業の流出は、地元自治体の税収の減少や企業経営における決定権の喪失につながります。とりわけ決定権の喪失は、地域の経済構造が支店経済になることを意味します。例えば、地域で産学官連携を図っても、参加企業に決定権がないことにより、連携が具体的成果に結びつかないこともあるでしょう。

政府の地方創生戦略でも、地域産業の競争力強化に向け、産業・金融一体となった総合支援体制の必要性が指摘されています。しかし、支店に裁量が認められておらず、地域連携への参画も財界活動へのおつきあい程度にしか考えていないようであれば、連携が大きな成果を得ることは期待薄です。大阪のような大都市ですら本社機能の流出が進む状況では、たとえ支店であっても、地域内において本気でビジネスの拡大を志向し、一定の裁量が許容されているようなビジネスパートナーを見出せるかどうかが、地域連携の成功のカギと言えそうです。

本社の地方移転策は限定的な効果しかない

政府の地方創生戦略に明記されたことにより、企業の本社機能の地方移転に注目が集まっていますが、この取り組みの効果は限定的であると考えられます。

産業の中でも、モノづくりという事業の柱を持つ製造業は、一部のサービス業に比べれば地方にとどまる傾向にあります。トヨタ自動車は、一部の本社機能を東京に配置しているものの、依然として中核的な機能は愛知県豊田市にあります。村田製作所や島津製作所、京セラ、任天堂など世界的なモノづくりの会社が今も京都府に本社を構えていることは、製造業は必ずしも東京に機能を集約しなくても成長できることを表しています。

一方で、カネや情報そのものを扱う金融系や情報系の企業は、東京に集積しやすい状況にあります。特に情報系企業が多いベンチャーに限ってみると、起業や育成に不可欠なニーズやシーズ、資金が東京に集中していたこともあり、その多くが東京中心に展開してきました。

ベンチャーに限らず、多くの大企業が本社機能を東京に移してきたのには、企業、産業ごとそれぞれに理由があります。東京には、経営の3要素と言われるヒト・モノ・カネ、それに加えて情報が集中しています。その中心にいることは、企業経営にとって大きなメリットであることは間違いありません。国際的企業の進出も多く、人材や業種、企業の多様性が相乗効果を生み、企業吸引力のさらなる強化につながります。

もっとも、情報通信環境の変化、すなわちICT技術の発展と情報通信インフラの整備は、東京に向けた企業集約の流れを大きく変える可能性を秘めています。高速通信網により、地方の大都市はもちろんのこと、たとえ中山間地域であっても、情報の入手において不利益は少なくなりつつあります。起業における資金調達の際にも、クラウドファンディング[注2]の出現により、地方であることのマイナス要素は格段に少なくなったと言えるでしょう。加えて、東日本大震災などの経験を踏まえ、企業の事業継続上、拠点が1カ所に集中しているよりも分散しているほうが好ましいという考え方が広がりつつあります。

企業にとって、東京でなければ商売にならないという状況は過去のものとなりつつあり、リスクヘッジの上でも拠点を分散させることの重要性が浸透し始めました。すでに一部の企業では、本社機能の地方移転を検討・実施しています。

こうした企業の後押しをするため、政府は「まち・ひと・しごと創生基本方針2015」

において、「本社機能の移転又は地方における拡充を行う事業者に対する税制上の支援措置等の運用を速やかに開始する」ことを発表しました。[注3] 企業の本社機能の地方移転に対する優遇措置がかなり具体的に示されています。

確かに、地方にも独自の産業集積があり、未活用の人材が眠っていることも考えられ、十分な受け入れ態勢が整っている地域もあるでしょう。また、リスクヘッジ上も、広く全国に企業の拠点が分散することは好ましいことかもしれません。

では、企業の本社機能の分散化は、政府の後押しを受けて一気に進むのでしょうか。ことはそれほど簡単ではなく、取り組みは一部の企業にとどまる見通しです。

一般社団法人日本経済団体連合会は、政府の方針を受けて2015年6月に企業を対象に地方移転の可能性を問うアンケート調査を実施し、その結果を踏まえ、同年9月に、「本社機能の地方移転等の取り組みについて」という政策提言をリリースしています。

アンケート結果では、回答を寄せた147社のうち2社が、本社機能の地方移転を検討しており、「現在は検討していないが、将来的には移転可能性・余地はある」と答えたのは9社でした。残りの93%は検討すらしておらず、本社機能の地方移転が大きなうねりとなっているようには映りません。

また、アンケートを踏まえた日本経団連の政策提言では、企業の地方移転を後押しする上で、すでに行われた税制優遇などの制度改正[注4]は重要な第一歩であると、政府の取り組みを好感しています。その一方で、企業は経済合理性に基づき集積のメリットの高い首都圏に拠点整備を進めているという正論を述べた上で、地方への本社機能の一部移転を進めるためにはより大胆な政策が不可欠であるとしています。その具体的な政策としては、特区制度とさらなる税制優遇を挙げています。

この文書が意味しているのは、政府の取り組みに恭順の姿勢を示してはいるものの、企業の拠点配置はそれぞれの事業戦略によるものであり、多くの場合、さらなる減税などの明確なメリットがなければ地方移転が大きなトレンドとなることはないということです。

そもそも、企業の地方移転戦略は、補助金などに依存した地方への移住促進策と同じ構図がみて取れます。地方への移転が、企業の成長を促すかどうか定かでないにもかかわらず、補助金や税制優遇などにより、無理に地方に移転させ、雇用の受け皿にしようというものです。

この政策も、大もとをたどれば、結局、地方に若い人がいてしかるべきであるという前提に行きつくようです。ここまで示してきたような東京と地方の人口移動を均衡化させるという、あまり明確な根拠のない目標に引っ張られた政策展開です。

地方の産業戦略で必要なことは、本社を引っ張ってくることではなく、その地域で収益を上げ、持続的な経営を図ろうとする企業を増やすことです。すでにある産業には成長を促すとともに、起業などによって生み出された新たな成長の芽を大切に育てることです。

もちろんそれは、行政だけの取り組みではなく、金融機関や大学、地域住民など、地域全体で盛り上げていくことが必要です。そうした活力ある地域には、地域外からも企業が積極的に事業機会を狙い参入してくるはずです。

企業誘致よりも地元企業を逃がさないことが大事

日本において、新産業の創造やベンチャーの育成が欧米に比べて低水準にとどまっていることは、周知の事実であると言ってよいでしょう。日本は、欧米諸国に比べ開業率が低く、これまでさまざまな取り組みによっても引き上げることができていません。だからといって、企業誘致や大都市からの企業の機能移転に期待するというのは、やや論理に飛躍があると思います。地方であっても、多くの企業が日々生産活動を行い、雇用を生み出していることを踏まえれば、まずはそうした地元企業の成長を促すことが何より重要であるはずです。

最近でこそ少し状況は変わりつつありますが、これまで新規の企業誘致に熱心な地方自治体でも、既存企業の活動に対しては、それらはあって当然という思いからか、ややもすれば無頓着であったと指摘されても仕方のない対応が散見されてきました。新規企業誘致に際しては、補助金やインフラ整備をはじめ最大限の優遇を図る姿勢を示す自治体でも、既存企業の要望に応えることに対しては決して積極的であったとは言えません。

ドキュメントが残っているわけではありませんが、企業サイドからは、事業の拡大や物流システムの変化などとともに、既存インフラに対して立地上の不都合が生じたとしても、それが行政になかなか届かないといった不満が漏れ聞こえていました。

最も多く指摘があったのは道路インフラです。モータリゼーションや都市の面的拡大にともない、道路渋滞が発生しやすくなりました。そうしたボトルネックを解消するため、道路改良に対する要望は多かったように感じます。また、物流システムの変化によりトラックが大型化し、現状の道路事情では通行に支障を来すような例もありました。

リーマンショックのころ、そうした既存企業と自治体の意思疎通の不足が、結果的に自治体からしてみれば大きな魚を逃したと言える事例につながったこともありました。事業再編などによる大手企業の事業所の移転や統廃合というニュースが流れてから初めて、それまで没交渉であったにもかかわらず、産業担当の地元行政幹部や知事が企業のもとに飛んでいったものの、後の祭りだったという話です。

日本はもとより、世界中のライバルと競争関係にあり、日々向上・改善していかなければいけない企業と、前例を重んじて急速な変化を好まない地方自治体との、スピード感の違いが露呈した結果です。

地方都市が企業を誘致するとは言っても、人口減少が進む日本においては、内需が劇的に増えることは期待できず、事業者は新たな設備投資には極めて消極的です。円安を背景とした外資系企業の進出や海外進出した日本企業の国内回帰の動きもありますが、それらを呼び込める地域は決して多くありません。

何より、企業誘致には大きなコストがかかります。三重県が亀山にシャープの液晶パネル工場を誘致する際に巨額の資金を準備したことを境に、企業誘致のコストは1ケタ跳ね上がった印象です。しかも、首都圏の京浜工業地帯などでも再開発が進んでおり、地方都市が企業誘致を勝ち取れるかは大きな賭けと言えるでしょう。

冷静に考えれば、企業誘致よりも地域にもともと立地する企業を伸ばしていくほうが、費用対効果は大きいかもしれません。御用聞きとまではいかないものの、行政が地域産業の活性化を図るために要望や意見の聴取をまめに行うことで、両者の信頼関係が高まり、企業の定着が図られることにつながります。

そして、地域企業の存続や成長は、何より地域雇用を守ることを意味します。外から持ってくることに比べれば、維持することがどれだけ容易であり、かつ大切であるのかということを考えるべきです。

分配を意識した行政的発想の限界

まだまだ十分とは言えないかもしれませんが、一時期に比べれば官民の関係は改善し、行政からみれば雇用を生んでいる虎の子の域内企業への配慮は手厚くなっているように映ります。その一例として、各地域で官民連携、あるいは産学金官連携など、地域一丸となって経済を盛り上げようという姿勢が明確になっています。

しかし、こうした地域連携は、取り組みの数だけは多いものの、必ずしも地域の活性化や経済の押し上げに功を奏しているところばかりではありません。理由は地域ごとにそれぞれでしょうが、1つには、参加企業の本気度があるでしょう。本社が東京にあり、決定権のない支店ばかりがおつきあいで参加する寄り合いであったなら、せっかくの連携も実を結ばないことが多いと考えられます。

もう1つ重要なポイントは、官と民、それぞれが目指すゴールに、明確な差異があることです。民間は、究極的には事業が儲かることが第一ですが、官は地域全体の底上げが重要であり、どのような戦略であっても「分配」を意識せざるをえません。

例えば、行政が作成する成長戦略では、域内資源にこだわり、なるべく多くの中小企業の参画のもと、それらが等しく伸びることを目指す計画になりがちです。商店街の再生などはこの典型で、あまり意欲的ではない事業者であっても、切り捨てることは難しいようです。

こうした計画は、全面的に否定されるべきであるとは思いませんが、結果的に補助金などの分配が主たる関心事となってしまうこともあるでしょう。

また、行政の発想は往々にして域内で金を回すことばかりにとらわれてしまい、経済学で言うところの「比較優位」の概念を見落としがちです。比較優位とは、2つの地域がともに同じ2種類の産品を生産している場合、そのまま互いに作り続けるよりも、それぞれが得意な産品を専業で生産し、取引したほうが効率的であるという考え方です。

もちろん、地域経済はそれほど単純なものではありませんし、地域内でお金を動かすという発想が重要であることに異論はありません。しかし、あまりに小規模な地域で、域内の経済循環にとらわれると、足りないパーツを無理に補おうとするため、かえって非効率な経済構造となってしまう恐れがあります。

ここでも、みそ造りの例が当てはまります。地域で収穫される大豆をみそに加工しようと考え、小ロットの加工のために新たな設備投資を行うようなイメージです。結局補助金でミンサーを導入することになりますが、せっかくの新しい設備が、1年の大半を白いシートで覆われる状況が各所で生じることになります。必要に応じ地域外から資本を導入することや他地域との連携を模索することも必要です。

さらに、経済圏全体を見渡すような広域連携における成長戦略の場合、参加する自治体間の利害調整が難しいという問題があります。もちろん、隣接する自治体同士はライバル関係にあることも多く、また住民感情のもつれなどもあり、連携が俎上にすらあがらない地域もあるでしょう。

例えば、山形市と仙台市は、都市間バスで1時間強、車なら1時間を切る距離です。都市間バスは平日1日80往復で、数分から15分に1本の頻度で走っています。東京圏の鉄道並みです。市民同士の往来は頻繁で、中には通勤する人もいるなど、経済的なつながりは決して小さくはありません。

しかし、両地域では、一部観光振興での連携はみられるものの、その他経済戦略において同調する動きはみえてきません。経済の広がりや人の動きは、すでに自治体の枠を超えつつあり、県や市町村という行政固有のセクショナリズム的発想では、実効性のある経済戦略を構築することは難しいと考えられます。

官主導で地域連携を図っても、行政的発想の組織では、民間企業がついてくることは期待できません。こうした反省から、一部地域では、民間主体で地域連携を模索する動きが出てきています。

地域連携は民間主導で

官主導の地域連携の限界を、民間主体の連携によって乗り越えようとする取り組みもあります。福岡地域戦略推進協議会（ＦＤＣ）は、９市８町で構成される福岡都市圏の成長戦略を構築、実践することを目的として、産業界、大学、金融機関、行政の参画により２０１１年に創設されました。

設立にあたり、福岡都市圏における地域分析を行った結果、当面、当該地域はアジアの成長に歩調を合わせ、アジアの中核的なビジネス拠点として成長するべきであるとの結論に至り、ＭＩＣＥを柱に据えた成長戦略を打ち出しました。ＭＩＣＥとは、Meeting（会議）、Incentive travel（報奨旅行）、Convention（国際会議）、Exhibition（展示会）の頭文字をとったもので、ビジネス上の旅行を指します。大量動員が見込まれるということもあり、政府も成長戦略の一翼として期待しています。

ＦＤＣでは、ＭＩＣＥ振興に向け、観光、食文化、都市のあり方、人材育成にターゲットを絞り、民間主導で国際交流の拠点化を図ろうとしています。この団体がおもしろいのは、その究極的な目標は9市8町全体の経済成長を図ることにありますが、一義的には、都市圏の強みを最大限に活かし、新たなビジネスの立ち上げを目指して行政に規制緩和を働きかけたり、政策提言を行ったりしている点です。さらに、複数の課題について明確な優先順位を付けてスピード重視で事業化を目指すなど、まさに民間的発想のもとに戦略を実行しています。当然、この地で活動する企業であれば、会員の門戸は地域企業に限らず、域外に本社を構える企業からグローバル企業にまで開かれています。すなわち、財界活動の一環としておつきあいで連携に参加するのではなく、福岡を拠点に事業を成功させ、利益を上げようと真剣に考える企業が牽引する団体ということです。

一方で、FDCは「新しい公共」[注5]の担い手であることも自認しており、地域全体への目配りもなされています。まず、都市圏を構成する自治体の成長戦略などの策定に際し、FDC自身がコンサルティングを行っています。また、ベンチャー創出を目指し、「イノベーションスタジオ福岡」という人材育成組織を立ち上げ、さらに会員企業としてクラウドファンディング事業者が名を連ねています。事業の立ち上げから資金調達までを、包括的に支援する体制を整えています。

加えて、社会課題解決型の金融商品の1つである「社会的インパクト投資（SIB）」を活用したヘルスケア事業（認知症予防・重症化予防事業）の実証実験にも参画しています。SIBとは、民間投資家からの出資を社会貢献事業に投資し、それにより削減される行政コストに相当する額を投資家へのリターンにあてる金融商品です。

大きなリターンは期待できないものの、社会貢献につながることもあり、世界中に広がる低金利を背景に、近年注目度が高まっています。政府の「まち・ひと・しごと創生基本方針2015」[注6]でも、行政課題の解決に民間の知見を引き出す手法の1つとして取り上げられています。

以上の取り組みにより、2020年の目標として、FDCが存在しない場合に比べ、雇用6万人、域内総生産2・8兆円、人口7万人を増やすことが設定されています。すなわち、民間主導により地域の経済を活性化して良質な雇用を増やすとともに、都市圏内の1人あたりの域内総生産を大きく引き上げることを目指しているわけです。

まずは地域資源の強みを生かして、成長可能性の高い分野に注力しつつ、その過程で都市圏全体の底上げを図っていこうというＦＤＣの姿勢は、他地域においても参考にすべき点が多いのではないでしょうか。

地方の大学を生かす

近年、地方の大学では、地域の活性化や成長戦略に歩調を合わせる動きがみられます。地元財界や行政との連携はもとより、学内に地域活性化センターのような組織を設置し、地域再生に向けた支援組織となりつつあります。

こうした取り組みが、都市や地域の成長に向け、今後一層加速することが期待されます。政府の「まち・ひと・しごと創生基本方針２０１５」でも、地方大学に対し、地域ニーズに対応した高等教育機関の機能を高めるため、地域とのつながりを深め、地域産業を担う人材の養成など地方の課題の解決に貢献する取り組みを求めています[注7]。

地方大学が担うべき役割の中でも特に中核となるのが、地域産業や地域の持続性向上に資する人材の供給です。地方国立大学の存廃や再編が取りざたされる昨今、最先端の研究から地域再生まで、大学はさまざまな役割を負わされていますが、その中でも第一に考えるべきは教育機関であるという認識です。文系、理系を問わず、地域に貢献できる人材を輩出できないようであれば、存在意義が問われるくらいの覚悟が必要です。当然、学部学科の構成もそうしたものを意識したものとなるでしょう。

さらに、研究分野においても、ある程度地域産業との関連性は視野に入れておくことが望まれます。地域に強みのある産業に対して、技術や理論面からの後押しが期待されます。大学を地域産業に合わせていくことが望まれる地域もあるでしょうし、逆に、大学に強みのある分野を生かした産業構造を構築することで、地域の活性化に結び付けていくこともあるでしょう。

後者で有名なのが、米国ペンシルベニア州ピッツバーグの取り組みです。ピッツバーグはもともと世界有数の鉄鋼生産地として栄えたものの、日本などの鉄鋼生産の伸長により、その勢いに陰りがみえてきました。１９５０年に68万人に達した市の人口は、郊外流出の影響もあり減少に転じ、２０１０年には31万人と、60年間で半分にまで減っています。都市圏全体でみても、１９７０年からの40年間でおよそ15％の人口減少となり、特に米国鉄鋼業の衰退が顕著となった１９８０年代には人口減少のペースが一段と速まりました。まさに基幹産業の衰退が、地域の衰退に直結した事例と言えるでしょう。

しかし、ピッツバーグは、ライフサイエンスやＩＣＴ、サービス業への産業構造の転換に成功し、新たな輝きを放ちつつあります。その中心的役割を担ったのが、地元のカーネギーメロン大学やピッツバーグ大学などが有するライフサイエンス分野での研究知見や知的財産です。それらを核としたクラスターが形成され、地場の製薬メーカーの成長はもとより、欧州の大手製薬メーカーの製造拠点進出もみられ、新たな雇用の受け皿が形作られました。

ピッツバーグ都市圏全体での人口の減少は依然として止まっておらず、しかも２０００年代に入ってのハコモノ主導の再生策については財政悪化を招いているとの批判があることも事実です。しかし、２００５年以降、１人あたりの所得の伸びは、わずかではあるものの全米平均を上回りました。産業構造の転換と所得の上昇が達成され、しかも都市としてのにぎわいも維持されており、都市再生の成功例とされています。

地方銀行にやれることはまだまだある

政府の地方創生戦略は、地域の産業戦略において、地元金融機関が重要な役割を担っていることを指摘しています。お金を血液にたとえると、金融機関が地域の資金の流れを円滑にする心臓の役割であることを踏まえれば、政府の指摘は的を射ていると言えます。

しかし、金融機関が国民から預金の形でお金を預かっている以上、融資先の信用や将来性を無視した融資を行うことはできません。また、融資にあたり、通常の融資審査の枠にはまらない業種に対しては、融資の対象から外さざるをえない場合もあるでしょう。例えば、農業分野への融資は、農業に対する専門的な知識や目利きが必要で、これまでは主として農協関係の金融機関が引き受けてきており、銀行の出る幕ではないという見方が一般的でした。

近年、こうした銀行のできること、できないことの範疇が少しずつ変化する兆しがみえています。例えば、鹿児島銀行では、県の基幹産業の1つと言える農業の分野で、鹿児島アグリクラスターを形成し、地域農業発展の中心的役割を担おうとしています。

具体的には、畜産農家向けサービスとして、長期資金は投資銀行と連携してアグリクラスターファンドを組成し、一方、比較的短期の資金は、銀行が直接、動産担保融資（ABL）を行います。ABLは、一般的な不動産を担保とする融資ではなく、動産、畜産業で言えば、トラクターなどの農業機械や家畜そのもの、さらには売掛金などを担保に融資を実行する手法です。

加えて、農業への融資を可能とするため、農林試験場などのOBを採用し、彼らを指南役として行内に農業の専門家を育成しています。また、鹿児島大学と組んで、耕種農業向けABLシステムの開発も進めました。さらに、域内産品を域外に売り込むため、銀行が率先して国内外の市場形成に向けた商談や販路開拓に力を入れています。

鹿児島銀行は、農業分野への参入を果たす際に、地方自治体が利子補給などを行う制度融資とはせず、各農家の事業性を評価することにより融資を行う方針をとりました。これは、農家への融資が、農家の救済的な色彩から、事業性を見極めた成長戦略へと進化することを意味します。鹿児島銀行は、地域の基幹産業である農業の成長戦略の中心にあろうとしているのです。

農業以外にも、銀行が融資の対象から外してきた事業体として、起業したばかりのベンチャーや極端に小さなビジネスがあります。特にベンチャーなどは倒産のリスクが高すぎるという問題点とともに、農業と同じく、銀行の融資審査の枠にはまらない分野であることも多く、銀行が直接融資することが難しい状況にありました。銀行も、新規分野の専門スタッフを増やすなど対応をとっていますが、直接融資しづらい業種や事業規模というのは依然として存在しています。

こうした状況において、起業家や事業者と銀行の間をつなぐ存在として、近年クラウドファンディングが注目を集めています。銀行が融資しづらい案件に対し、いったんクラウドファンディングによる資金調達を挟むことで、事業の可能性を見極めようということです。すなわち、銀行が事業性を判断しかねる案件であっても、クラウドファンディングを経て投資家など不特定多数の人からの評価を集めることができた事業は、一定の事業性や持続可能性が担保されたと考え、銀行が融資を行うことになります。

こうしたスキームに対し、銀行が自らの本分を放棄し、おいしいところだけ持っていっているという指摘も聞かれます。本来銀行は、事業性を見極める能力のない分野に対し、融資先の信用や将来性を無視した融資は行うべきではありません。しかし現実問題として、地域産業の育成や支援を目的とする地域金融の場合、事業の信用リスクなどに関係なく融資が実施され、実質的に分配に近い資金供給となってしまうことがないとは言い切れません。本来倒産してもおかしくないような企業が延命され、産業の新陳代謝も進まず、逆に成長性のある分野や企業に適正な条件で融資が行われない可能性もあるでしょう。

事業性があり、伸びる可能性のある企業にカネを回す上で、地方銀行とクラウドファンディング事業者の連携は極めて有効であり、両者の関係は今後も密接なものとなることが期待されます。

売り上げではなく生産性を引き上げる

地域の雇用を創出するためとはいえ、例えば高齢者移住を受け入れ、介護分野などで仕事が生まれても、その雇用が労働集約的なものであれば、長期的にみて地域の活力とはなり難いと考えられます。人口減少が本格化して人手不足となれば、そうした産業から人材の流出が起こることは火をみるより明らかです。今地域に必要なのは、より生産性が高く、労働者の所得を引き上げられる産業です。

第3章で示したように、同じ付加価値の仕事なら、人手を減らすくらいの発想が必要となるでしょう。すでに示した農業や介護はもとより、一部のサービス業にもこうした考え方を持ち込むべきかもしれません。

もちろん、人手を少なくすることだけ考えればよいというわけではありません。例えば、ホテルなどの宿泊業を考えてみましょう。今や空前のインバウンド（訪日外国人旅行）ブームで、多くのホテルや旅館が満室状態です。しかし、インバウンドの中にも、高級志向からコストパフォーマンス重視型まで、旅行者のタイプもさまざまです。

すなわち、なるべく多くの人手をかけることで高い品質のサービスを提供するラグジュアリーホテルから、人手を排し、簡素なサービスで割安感を出すホテルまで、宿泊業の方向性は多様であってしかるべきです。両者とも、生産性を高めることを目指す取り組みとして正しい選択と言えるでしょう。前者は、多くの人手をかけ、それ以上の付加価値を生み出す戦略であり、後者は一定の付加価値をより少ない人手で実現する発想です。

簡単な例を示せば、朝食に対する路線の差異です。高級ホテルの朝食が良いのは当然のこととして、ビジネスホテルでも、充実した朝食を提供することを売りにするホテルがあります。

一方で、簡素化を目指し、極端な例では、館内での朝食提供を一切やめてしまったホテルもあります。朝食を提供しないという選択をすることで、厨房の設置と調理人の確保にかかる費用が抑えられます。そうしたホテルでは、自前で朝食を提供しない代わりに、朝から営業している周辺の食事処やレストランの食券を配布することなどにより、不足するサービスを補うだけでなく、顧客の満足度も高めようとしている例があります。

各宿泊事業者が目指すべき方向性に照準を合わせ、従業員1人あたりの付加価値を高めることができる事業形態を選択することが重要となります。ポイントは、人口減少であることを理解し、より多くの利益を上げて従業員1人ひとりの所得を引き上げるには、事業者が有する資源をどのように活用すればよいのかを考えることです。人手を増やしても、収益が上がらない産業・事業にはならないことが重要です。

大阪にもある復活の芽

先に窮状を示した大阪圏ですが、座して衰退を受け入れているわけではありません。

兵庫県には、ライフサイエンスの研究施設として、理化学研究所（理研）があります。理研の付属施設として、高エネルギー光科学の関連施設やスーパーコンピューター「京」の誘致にも成功し、今では高分子の解析など、大学や研究機関、産業界におけるライフサイエンスを中心とした最先端科学の一大研究拠点となっています。充実した研究環境を求めて、創薬関連の企業の進出もあります。

一方、大阪駅、梅田駅に隣接する「うめきた」エリアに、2013年、グランフロント大阪が開業しました。その一角、とはいっても、グランフロント大阪の北館の中でアプローチが容易な低層階に位置し、北館総床面積の15%（8・8万平方メートル）を占めているのがナレッジキャピタルです。

ナレッジキャピタルは、「知」を地域発展やイノベーションにつなげていくことを目的とした産学官民の交流拠点です。複数の大学が研究教育拠点を持ち、多くの企業が開発実験施設を置いています。興味深いのは、研究者や企業人が交流できる会員制のサロンが用意され、新しい創造や交流の場が提供されていることです。さらに、一般の買い物客や市民が、最先端の技術や新製品に触れることができるエリアも用意されており、市民からのフィードバックが再び企業の開発に生かされる仕組みになっています。

こうした取り組みは、必ずしもすぐに収益や大きなビジネスにつながることはないかもしれません。しかし、大阪駅の極めて利便性の高いエリアに、こうした知のイノベーションの中核となることが期待される「場」を提供することには、商人の町、中小製造業の町であった大阪に、新しい変革をもたらす「創造」を文化として定着させる狙いが込められています。大学の知や技が、クリエーターや企業によって具体化され、新しい産業の創造につながることが期待されています。

大阪圏の取り組みをみてわかるのは、地域発展の方向性や手法は多様であり、地域それぞれの資源を生かすことが不可欠ということです。人口規模から考えれば、兵庫や大阪の取り組みはまだまだ第一歩に過ぎず、さらなる革新が必要でしょう。しかし、新たな富を生み出すことで、大阪圏のみならず、近畿圏全域、さらには日本全体の成長の一極となることが期待されます。

人口流動のダムになっている福岡

年間7000人の転入超過がある福岡市は、広域的な周辺地域の経済を引っ張っていく存在となることが求められます。そこで、福岡市および福岡県の人口の状況を改めてみてみようと思います。

図表5-1 2014年の福岡市の地域別転入超過・転出超過

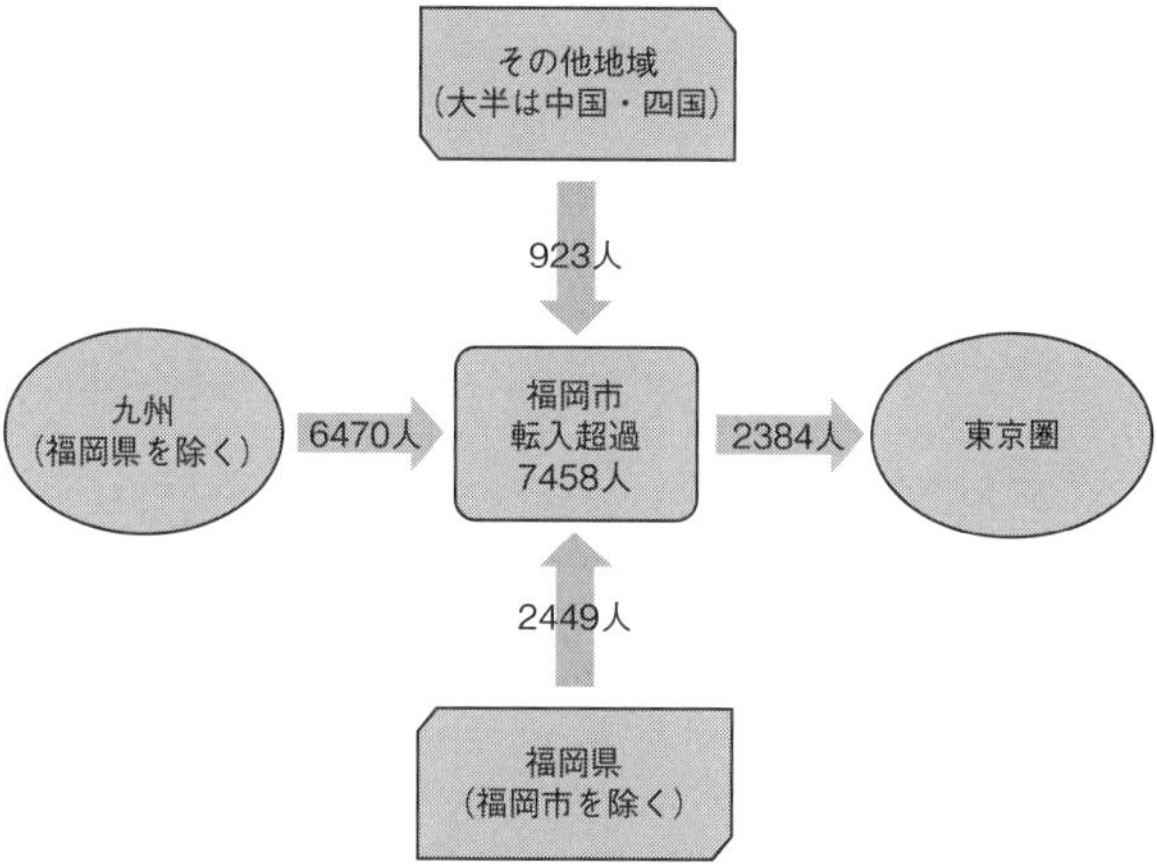

（資料）総務省「住民基本台帳人口移動報告」

まず、福岡市の転入超過をもう少し詳しくみてみましょう。図表5－1にあるように、2014年の福岡市の転入超過数は7500人を若干下回る水準でした。転入超過の構成は、県内他市町村から2450人、九州の他県から6500人、中国・四国地方から900人となっています。また、東京圏との関係では2400人程度の転出超過でした。

ここからわかることは、福岡市が福岡県内だけでなく、九州全域および中国・四国地方からの人口の受け皿となっているということです。地方の中核的な大都市は、産業の集積を背景に周辺地域からの人口の受け皿となり、いわゆる人口流動のダムの役割を果たすべきです。注8福岡は、こうした役割を九州だけではなく、中国・四国を含む広域で果たしていると言えます。

福岡市は、他県を含む広域的なエリアの人口の受け皿となっていますが、同じ地方中枢都市で同程度の人口吸引力を有する札幌市は、その影響力が道内に限られており、同じ中枢都市とはいえタイプが異なります。2014年に限れば、札幌市の転入超過数は福岡市よりやや多く、8000人を超えました。しかし札幌市は、他県との関係性は限定的であり、東京圏への転出超過が3000人を上回っていることが目につくくらいです。札幌市の転入超過は基本的に道内他市町村からのもので、それはおよそ1万2000人に及びます。すなわち札幌市は、地理的な要因が大きいとは考えられますが、北海道内に限った人口の受け皿であると言えそうです。

次に、九州7県の人口の推移を、少し長い期間にわたってみてみましょう。現在、九州の中で人口が増加傾向にあるのは福岡県のみです（図表5－2）。福岡県以外では、宮崎県を除く5県が、早くも1950年代に総人口のピークを迎え、その後、横ばいから減少となっています。宮崎県においても、ピークは1996年でしたが、1950年代と比べ大幅な人

図表 5-2　九州各県の人口の推移

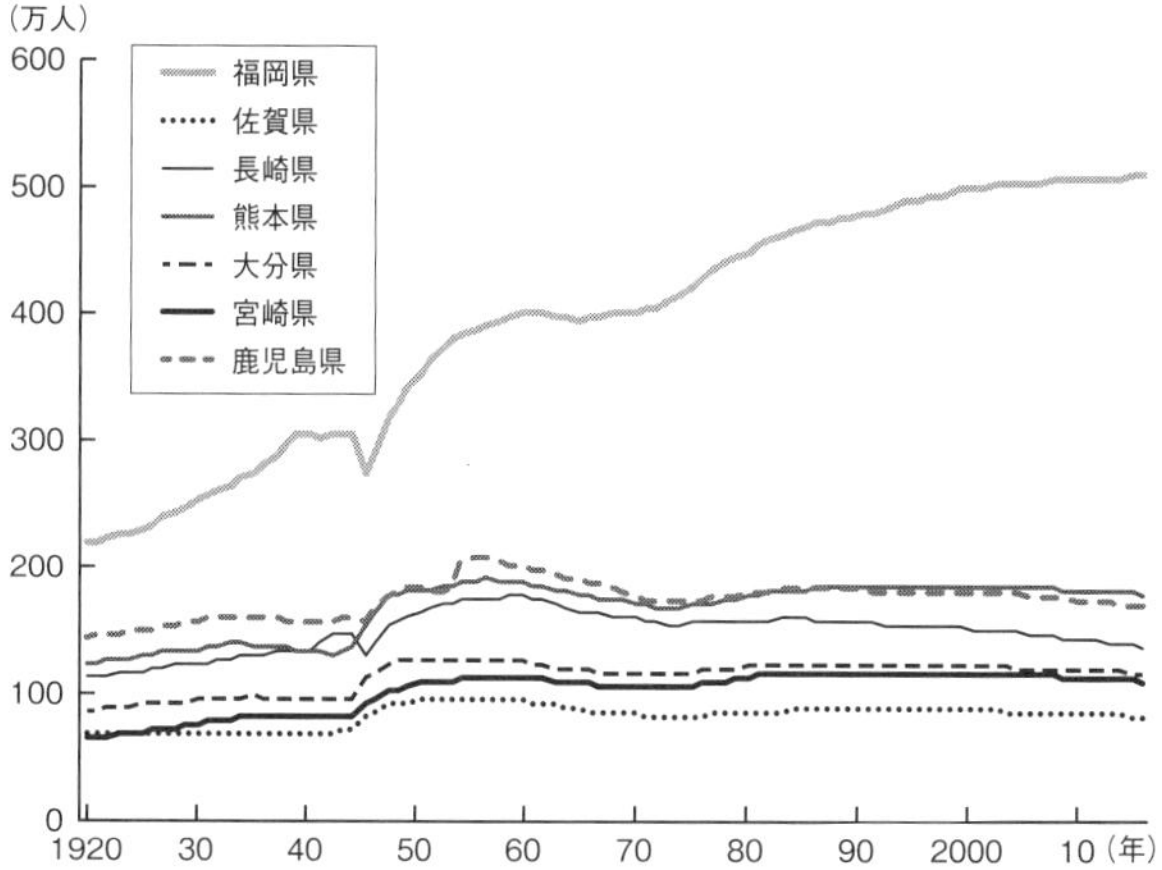

(資料) 総務省「人口推計」

口増とはなっておらず、この間おおむね横ばいで推移してきたと言ってよい状況にありました。

戦中の疎開や外地からの引き揚げ、戦後のベビーブームにより、終戦直後から1960年代にかけて地方の人口は大きく膨れ上がりましたが、もちろん九州の各県も例外ではありません。この時期、地方の多くの県は、経済規模やインフラの整備状況からみれば、三大都市圏との人口バランスにおいて過剰な人口を抱えた状況にあったと考えられます。そのため、復興から高度成長にかけて三大都市圏が経済成長を牽引する中で、地方の県は人材の供給拠点となり、1960年代にはほとんどの県で人口がいったん減少に転じています。

その後、オイルショックにともなう景気対策などにより、経済成長の中心が三大都市圏から地方に移ったこともあり、多くの県で再び人口は増加基調をたどります。しかし、全国的なこうした状況にもかかわらず、福岡県以外の九州の各県は、福岡との産業集積の格差などにより生ずる人口流出の結果、目立った人口増はありませんでした。

こうした状況から考えて、今後も若い世代が福岡に集積するという状況はほとんど変わらないでしょう。逆に、福岡市を中心とした福岡都市圏は、若い世代を集める以上、より多くの富を生み出し、九州全体はおろか、中国・四国を含む西日本の経済を牽引する役割を担っていると考えるべきです。

アジア向けビジネスの舞台として成長

福岡市は、現状でもすでに企業・事業所の開業率が全国の県庁所在地の中で最も高く、国内で一番経済活動が活発な都市と言えます。[注9] 地方創生戦略の一環として、国では企業の本社機能の地方移転を促していますが、福岡市では市の設けた立地交付金制度なども手伝って、以前から企業進出が盛んです。

支店を置く企業があるだけではなく、本社を福岡に移転させた企業がニュースに取り上げられたこともあります。また、いわゆる「福岡本社」なるものを設置し、一定の裁量を現地に委ねる企業も目立っています。

地域連携の項で紹介したＦＤＣの戦略も、こうした市の方針に合致したものとなっています。ＦＤＣを構成する会員企業は、必ずしも域内企業である必要はなく、福岡を拠点に事業の成功を目指す企業であることが要件と言えます。域外の資源をうまく使って地域発展の礎とするとともに、域内企業の成長を促す好循環を狙っています。

そもそも、一定規模以上の大都市における産業戦略を考える上で、その中核となる企業について、域内企業にこだわることや本社の所在などにとらわれるべきとは思えません。

昨今、グローバリゼーションの進展により、「日本の企業」というもの自体の定義が揺らいでいます。日本に本拠地を置く業界最大手の企業が、海外の投資法人が設立し、資金を外国の機関投資家から調達しているようなことも珍しくありません。支社だろうと本社だろうと、地域という舞台の上で経済活動を行う意欲のある企業であれば、FDCのように積極的に取り込むべきであると考えられます。アジアのゲートウェイとして地域内外の資源を集積しつつ、周辺地域における人材の受け皿となり、さらなる成長を目指す福岡の戦略は、極めて妥当性が高いと考えられます。

今後、福岡市は当面人口増が維持されるものの、県全体では間もなく人口減に転じるでしょう。そうした中でも、福岡都市圏は、今後も周囲からの若い人材の受け皿として、経済成長を果たしていくことが期待されます。

〈注〉

注1　2015年11月20日付けの東証一部時価総額ランキング

注2　インターネットを活用し、不特定多数の人がベンチャーの立ち上げや小さなビジネスの事業継続に資金提供をする仕組みです。日本では、東日本大震災以降、急速に伸びています。

注3　「まち・ひと・しごと創生基本方針　2015」の22ページ。Ⅲ．地方創生の深化に向けた政策の

注4 推進 2．地方への新しいひとの流れをつくる （3）企業の地方拠点強化等
地方再生法の一部改正により、本社機能に関して、地方拠点を拡充または東京23区から移転（いずれも東京圏、中部圏中心部、近畿圏中心部を除く地域を対象）した場合、雇用促進税制（増加雇用者1人あたり最大80万円税額控除等）、オフィス取得減税（特別償却25％または税額控除7％）が適用されます。

注5 これまでは公共の担い手は行政でしたが、「新しい公共」という発想は、行政はもちろん、市民やNPO、さらには企業まで含めた多様な主体が互いを支え合う仕組みのことです。

注6 「まち・ひと・しごと創生基本方針 2015」4ページ、Ⅱ．地方創生の基本方針—地方創生の深化— 2．「地方創生の深化」を目指す—ローカル・アベノミクスの実現— ③「民の知見」を引き出す（民間の創意工夫・国家戦略特区の最大活用）

注7 「まち・ひと・しごと創生基本方針2015」23ページ Ⅲ．地方創生の深化に向けた政策の推進 1．地方にしごとをつくり、安心して働けるようにする （5）地方大学等の活性化

注8 藤波匠『地方都市再生論』日本経済新聞出版社 281ページ

注9 平成24年度版経済センサス

第 6 章

コンパクトシティだけが解ではない

人口減少でも居住エリアは広がり続ける

地方では、中山間地域から、県庁所在地クラスの都市やより大きな中枢都市への人口の流れが生じています。にもかかわらず、多くの都市で総人口は減少しています。これは、東京に若い世代を奪われているというよりも、死亡が出生を上回る自然減の影響による地域が多いためと考えられます。今後は東京を含むほとんどの都市や地域で、人口減少が見込まれます。

その備えとして、国ではコンパクトシティの形成を推奨しているものの、実際に人が都市部に集住し、都市がコンパクト化している例はほとんどありません。コンパクトシティ先進都市として名高い富山市でも、2010年に実施された国勢調査の時点では、中心市街地で目立った人口増はなく、郊外の神通川の流域エリアに新しい住宅街が造成され、若い世代を中心に移り住む人がいるのが現状です。

ただし、東日本大震災以降、富山市を含む一部の都市で中心市街地への人口回帰の動きも出てきました。しかし、その多くが、地価下落により中心市街地にマンションなどが建つようになったことによるもので、持続的な動きとは言い切れません。大きな人口の流れとして、集住という意味でのコンパクトシティに近づいている地域はほとんどないと言ってよいでしょう。

一般的な都市では、依然として中心市街地の人口は減少し、都市域は郊外に向かって少しずつ広がるスプロールという現象がみられます。都市域の定義として国勢調査などで用いられる人口集中地区（ＤＩＤ）[注1]の面積と人口の変化をみれば一目瞭然です。

図表６－１で、東京圏とそれ以外の地域（非東京圏）において、２０００年から２０１０年までのＤＩＤ内外の人口やＤＩＤ面積の変化をみてみましょう。人口は、東京圏、非東京圏ともに、非ＤＩＤで減少し、ＤＩＤで増加しています。これは、中山間地域のような非都市部から都市部へと人が流れていることを意味し、本書で繰り返し説明してきた若い世代が都市部に集積しているということを裏付けています。

その人口を受け入れるＤＩＤの面積は、東京圏、非東京圏ともに増加しているものの、東京圏では人口の増加率がＤＩＤ面積の増加率を上回っており、ＤＩＤの人口密度は高まっています。一方、非東京圏では、ＤＩＤ面積の増加率が人口増加率を上回っており、ＤＩＤの

図表 6-1　東京圏、非東京圏別、ＤＩＤ人口・面積の変化
(2000 年-2010 年)

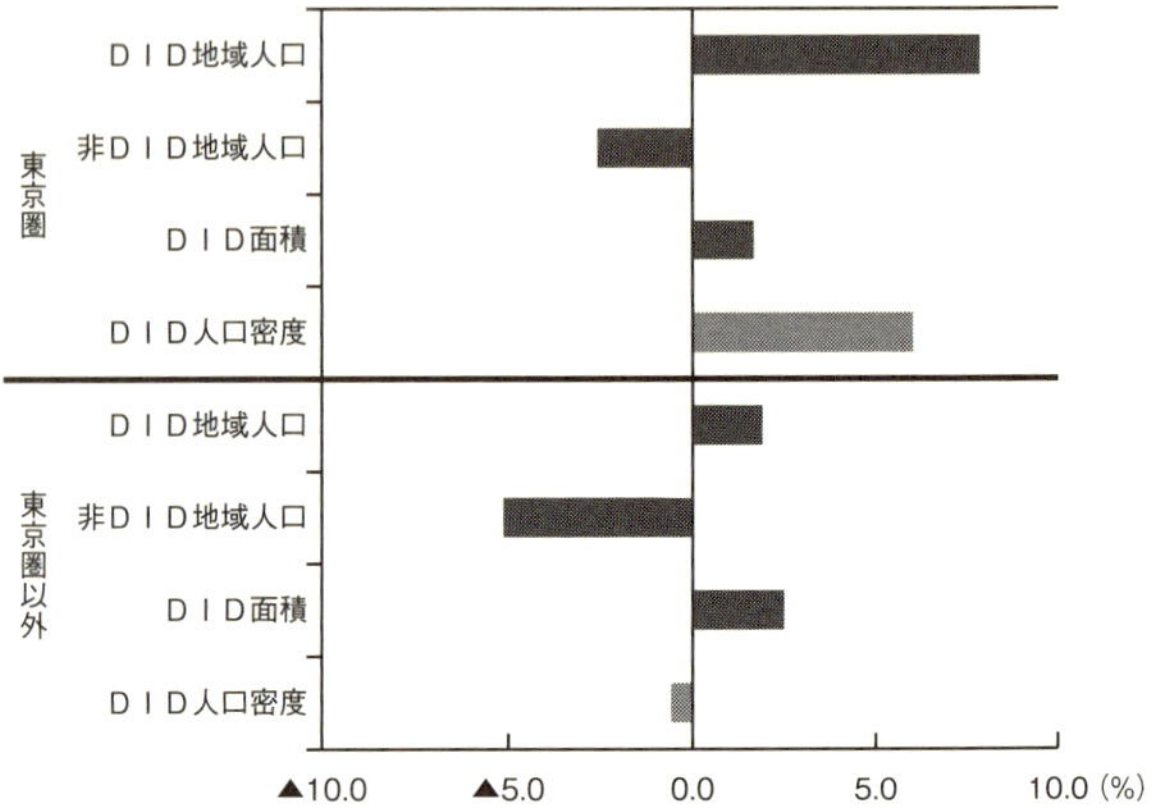

（資料）総務省「社会生活統計指標－都道府県の指標」

人口密度はわずかに低下しています。すなわち、地方の都市部では、人口の流入が都市部の中心エリアではなく、その郊外、特にＤＩＤの縁辺部に集中し、都市を押し広げていることになります。

そうした中で、コンパクトシティと名乗ってはいないものの、２０１０年までの段階で、広島市では中心市街地において顕著な人口増加がみられました。広島市では、コンパクトシティという言葉が一般的となる前の１９８０年代から、街なか居住に力を入れてきました。

近年地価の下落や高齢化の進展などが相まって、全体からみればわずかに過ぎ

ないかもしれませんが、中心市街地に移り住もうという人が一定数生じたということです。そうした市民の思考や行動の変化もあり、街なか居住に向けた広島市の取り組みが、ようやく実を結び始めたと言えるでしょう。

ただし、中心市街地で人口が増えたとはいっても、決して都市がコンパクトになっているわけではありません。広島市においても、郊外での住宅開発が進み、都市域は拡大を続けています。広島市の例は、実際に集住に向けた人の流れを生み出すことは、一朝一夕に成し遂げられるものではなく長期にわたる取り組みが必要で、そうした努力によっても、都市を面的にコンパクトにしていくことは難しいということを表しています。

理想を追い求めるより実を取れ

掛け声倒れに聞こえる取り組みが多いコンパクトシティですが、その取り組みは依然として重要です。人口減少が進む日本において、都市域を適正にコントロールして、人口密度の低下を招かないようにするとともに、都市の有するさまざまな機能を集約してそこへの市民のアクセスをしやすくできれば、都市の持続性を高めることが容易となります。

都市を面的に小さくすることが容易ではない中で、コンパクトシティの概念として、とりわけ都市機能への市民のアクセスの良さ（アクセシビリティ）が重要なポイントとなります。分散して暮らす人のために多数の都市的施設（行政機能や商業施設等）を分散させて設置することは、行政コストの増大や利用頻度の低下など、費用対効果の点で非効率であることは論をまたないところでしょう。しかも、たとえ施設をきめ細かく分散させたつもりでも、マイカー移動を前提とした施設配置では、結局高齢化の進展によりアクセスが容易でない人が増えることになります。

例えば、前出の富山市では、人の居住エリアは確かにコンパクトになっているとは言い難い状況にありますが、都市機能を中心市街地に集めるとともに、きめ細かな公共交通網を張り巡らせることで、コンパクトシティの理念の1つである都市機能へのアクセシビリティの向上を実現しつつあると言えるでしょう。先述した神通川流域の新しい住宅地は現在交通不便地帯となっているものの、すでに行政はその解消に向けて動き出しています。富山市がコンパクトシティで成功例として取り上げられるゆえんです。

急速な人口減少が確実視される地方都市においては、都市域を面的にコンパクトにすることが望ましいと言えますが、そこにこだわりすぎても成果は乏しいでしょう。まず考えるべきは、都市をこれ以上大きくしないことです。農地転用は依然として続いており、住宅地が新たに供給されています。新たな住宅地の供給は、一般に都市の縁辺部で行われるため、都市域の拡大、ひいては人口密度の低下に直結します。

また、後述するように、人口規模は小さいものの、郊外に新しい集落や住宅がポツリポツリと生まれており、都市や人の居住エリアの拡大を後押ししています。都市域のコントロールが、行政の重要な役割の1つとなることは間違いありません。

もう1つ考えるべきは、富山市のように、都市機能を分散させることなく中心市街地に集めるとともに、公共交通を充実させ、市民の都市機能へのアクセシビリティを高めることです。鉄道網の充実が望ましいことは確かですが、今後、地方都市で路面電車を含め新たな軌道系のインフラを構築することは容易ではありません。BRT（バス高速輸送システム）[注2]などにより、拠点間の高速バス移動を確保しつつ、コミュニティ内の移動については、特に高齢者を対象とした自動運転自動車や相乗りシステムの導入などを進めることが望ましいと考えられます。

人口減少下における都市形成のあり方は、都市域をコンパクトにできれば最良ですが、その達成は容易ではありません。たとえそうした場合でも、人口密度の低下を抑制するため都市域の拡大を抑制するとともに、都市機能へのアクセス向上を目指して、公共交通、特にバスの利便性を高めることが求められます。

限界集落はなかなか消えない

都市部に若い世代が流出することから、だれしも中山間地域では高齢者の割合が高い集落が増え、やがてそうした集落は消えゆく運命にあると思っているかもしれません。しかし、実態は異なります。確かに、一部には消滅する集落もあるかもしれませんが、その数は決して多くはないでしょう。持続的な農業経営が行われている農業地域も多くありますし、そもそも集落はそう簡単に消えてなくなるものではありません。

総務省と国土交通省は連携して、過疎集落について興味深い調査を実施しています。[注3] 両省は、全国4割前後の自治体を対象に、不定期に過疎集落の機能の維持や消滅の実態について調査を行っています。調査項目の1つとして、「10年以内に消滅する」と認められた集落の

「その後」も調べられています。

2006年の調査で「10年以内に消滅する」とされた集落は423（調査エリアの全集落の0・7％）あり、このうち4年後の再調査で本当に消滅していたのは35集落でした。これは、「10年以内に消滅する」とされた集落の8・3％に過ぎません。

同様の調査は、1999年と2006年の間でも実施されており、1999年の段階で10年以内に消滅すると予想された集落のうち、2006年までの7年間に消滅した集落は14・6％でした。関連資料では、「予想よりも消滅していない」と結論づけています。

なお、「10年以内に消滅する」には分類されなかったとしても、さまざまな理由により消滅した集落もあります。結果的に、2006年以降の4年間で消滅した集落の合計は93集落に上ります。しかし、これは調査対象地域の全集落の0・1％に過ぎません。集落の消滅危機が声高に叫ばれているにもかかわらず、これまでのところ、実際に消滅した集落は極めて少数派と言えます。

もちろん、こうした消滅リスクが高いとされた集落の大半は、高齢化率が50％を超える限界集落です。しかも、行政機関から遠く山間地に位置しているなどの特徴を有していることから、将来的には緩やかに消滅へと向かう可能性も否定できません。

しかし、実際には少数ながらUターンがあったり、Iターン者の流入があったりと、予想に反して消滅しない集落が多いということです。単純に調査時点の人口の動態と高齢化のみを持って消滅間近とみなすのは、実際の集落の持続性を見落としてしまう可能性があります。

一連のデータが示すのは、都市住民が考える以上に中山間地域の人の暮らしというのは持続性が高く、集落は案外「しぶとい」ということです。

実はどんどん誕生している新規集落

総務省などの一連の調査において前回調査からの4年間で消滅した集落は93ですが、興味深いことに、同期間に新規に誕生した集落は、消滅集落の10倍に相当する928もあります。私たちは、限界集落や消滅可能性都市にばかり目を奪われがちですが、実はその裏で急速に人の暮らしの場は広がっているのです。

山梨県を例にみてみましょう。国勢調査のメッシュ統計（1キロメートルメッシュ）に基づき、2000年から2010年までの10年間に人の暮らしが消滅したエリアと、新規に人

図表 6-2　山梨県における新規居住地域及び人口消滅地域（1km メッシュ 2000 年～ 2010 年）

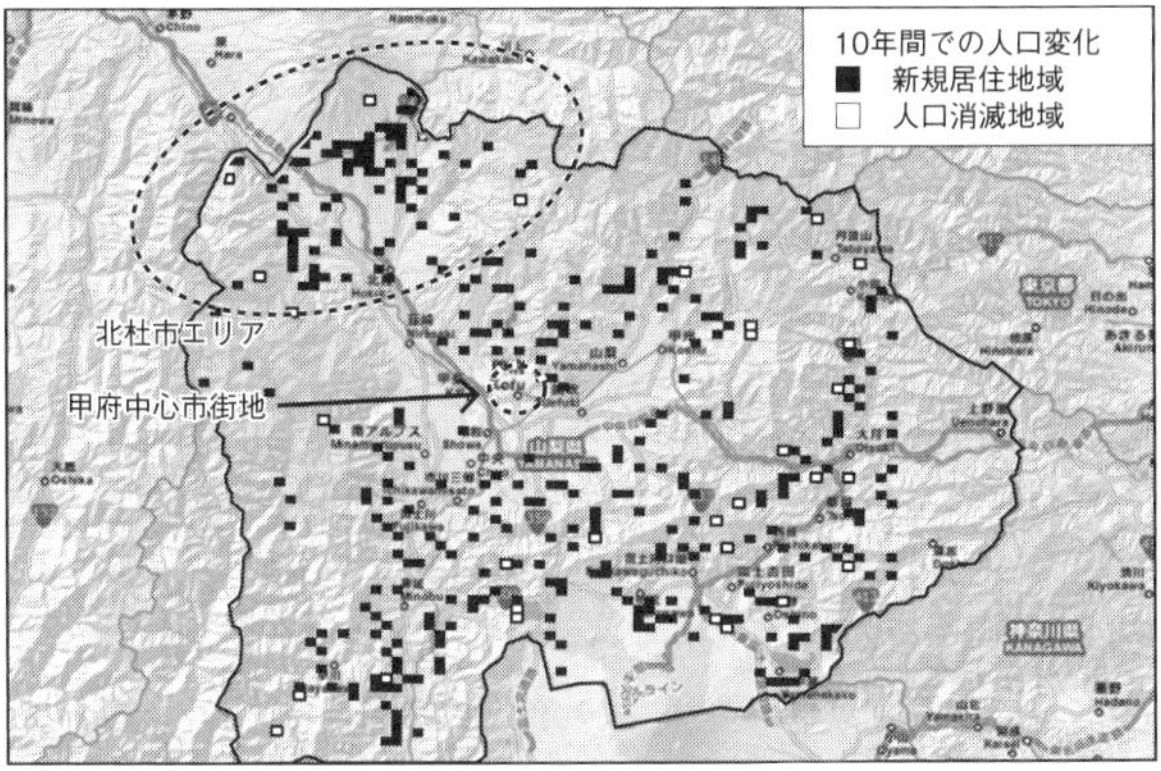

（資料）総務省「地域メッシュ統計」より、日本総合研究所作成
（注）新規居住地域と人口消滅地域のみ表示

が住み始めたエリアを塗り分けました（図表６－２）。甲府盆地を中心に分析することを目的としたため、南部町以南、大月市富浜町以東は分析対象外です。

１キロメートル四方のメッシュにおいて、10年前には人が住んでいたにもかかわらず、現在は無住となったいわゆる消滅地域を白で示しました。作図対象エリア内に消滅地域は31ありました。一方、10年前には無住であったにもかかわらず、現在は人が住んでいる新規居住地域を黒で示しましたが、これは３５１あります。

黒いメッシュの新規居住地域は、県庁

所在地である甲府市中心市街地の周辺にも点在していますが、中山間地域、それもかなり山奥と考えられるような地域にまで広がっていることがわかります。中には、消滅地域に隣接するように新規居住地域が展開しているエリアもあります。

このような居住エリアの変遷をどのように考えたらいいのでしょうか。もちろん集落が消滅してしまうことは、憂慮すべき事態です。地域固有の伝統的な暮らしや生業、歴史や風俗など、集落が消滅することで、日本人のアイデンティティーにつながる貴重な歴史的遺産が消え去ってしまうことが危惧されます。これからも、我々世代には、こうした遺産を1つずつ積み上げて、将来世代に引き継いでいく責任があるはずです。時代の流れだから仕方がないと、消滅集落に対して無策に終始するべきではないと思います。

一方で、人口減少にもかかわらず、人の居住エリアは依然として拡散を続けているということにも目を向けるべきです。消滅の危険性のある地域にばかりに目を奪われ、私たちは自分たちの国土を俯瞰的にみることを忘れている可能性があります。消えゆくことが危惧される集落のすぐ隣で新しい住宅地が開発されていることに、もう少し関心を払うべきであると言えるでしょう。

本書では、こうした郊外の過疎地域に点状に分布する新たな居住地を、「新僻地集落」と呼ぶことにします。都市政策的にみれば、都市のコンパクト化とともに、中山間地域における新僻地集落の進出にも十分な配慮が必要であると言えます。

引き続き山梨県でみれば、とりわけ県北西部の北杜市に新僻地集落が集中し、すでに面的な広がりを有する状況に至っていることがわかります。このエリアは、八ヶ岳南麓、甲斐駒ケ岳の裾野にあたり、風光明媚で、広大な森林の間に農地や別荘地が広がっています。リタイア世代の移住組や比較的若い新規就農者が、人口減少が続く旧来の集落ではなく、農地や山林を開発して新たに建設した住宅に移り住み、場合によっては新しい集落を形成しているのです。

北杜市に限ってみれば、古くからの集落で人口が減少し、新僻地集落の人口ウエートが急速に高まっています。2000年以降の10年間で北杜市の総人口は920人減少し、およそ4万8000人となりました。この間、北杜市民の11人に1人にあたる4475人が主として市外および県外から新僻地集落に流入し、総人口と比較しても無視できない規模になっています。急速な居住エリアの拡大を示唆しています。

多くの場合、新僻地集落は公共交通網に組み込まれておらず、場合によってはコミュニティが形成されていないことによる互助機能の欠如もあり、住民が高齢化してからの生活維持は困難になると考えられます。加えて、従来の別荘地の利用状況などをみれば、住民の入れ替わりが起こりにくいことは容易に想像され、初期入居者一代限りとなる可能性が高いエリアと言えます。

このような新僻地集落の形成は、実質的に消滅集落予備軍の乱造となっているとみることもできます。地元自治体にしてみれば、人口の流入は喜ばしいことですが、都市域のコントロールの視点からは手放しで喜ぶという状況にあるとは思えません。

中山間地域を抱える自治体では、集落消滅の抑制や人口維持を図るため、都市部からの移住促進に積極的ですが、居住地域に対する制約を設けないまま呼び込むことばかりに注力すれば、今後も居住エリアの拡大や人口密度の低下は止まらないでしょう。消滅する可能性のある集落と同様、新僻地集落の形成にも十分な目配りが必要です。

新僻地集落の増加は技術革新による必然

本来、人は、一定の集積の中で相互的な関係性を深めることで生ずるさまざまなメリットを享受できる都市や集落を形成して暮らすことが自然であると考えられます。たとえば、人が集まって暮らすことで、都市部では商業の発展が期待され、中山間地域では用水路の維持や茅ぶき屋根のふき替えに人手を確保してきました。人口減少が見込まれる今後の日本においては、コンパクトシティという発想が都市作りの基本的方向性であると言ってよいでしょう。

にもかかわらず、なぜ新僻地集落が形成されるのでしょうか。

それは、技術の発展やインフラ整備の進展が、必ずしも人を都市や集落に縛らなくなってきていることの証しです。山奥であっても光ファイバーが設置され、どこにいても高速インターネットにアクセスできるようになりました。道路整備が進み自動車さえ運転できれば、どんな山奥にでも暮らすことができます。さらに、物流網が日本の隅々にまで張り巡らされ、同時に物流分野における技術革新も進み、短時間での宅配や買い物支援のサービスが受けられるようになりました。すなわち、道路、物流、インターネットの3つのネットワークが隅なく張り巡らされたことで、日本中あらゆる所が暮らしの場たりえるようになったということとです。

加えて言えば、起業家にとっては、前述のようなインフラ整備の恩恵だけではなく、クラウドファンディングのような仕組みが整い始め、必ずしも東京など大都市でなくても起業や事業運営のための資金調達が可能となっています。

決して多くはないかもしれませんが、こうした3つのネットワークを有効活用できるアクティブな人たちが、新たに僻地に住宅を建て、郊外に移り住んでいると考えられます。新僻地集落の形成は、良い悪いの問題ではなく、技術発展とインフラ整備に裏打ちされた都市進化の当然の帰結であるとみることが可能です。

一方で、運転ができず、インターネットが使える人ばかりではない高齢者の多くは、必ずしも技術革新やインフラ整備の恩恵にあずかることができません。消滅リスクの高い集落の住民は、こうした層が中心です。

古くからの集落が消滅し、新しい集落が形成されるという動きがある中で、今後日本の地域運営をどのように考えていくべきでしょうか。

1つは、新僻地集落に移り住むようなアクティブな層を、古くからの集落に取り込むことです。都市計画などを活用し、新僻地集落の形成を抑制しつつ、移住者を旧来の集落の内部に引き込むことが望まれます。集落内に点在する空き家の有効活用が期待されます。

もう1つが、古くからの集落におけるサービス提供の方法を工夫するとともに、さらなる技術革新を取り込むことで、人口が減少して人口密度が低下しても、利便性や快適性を維持し、地域の持続性を高めることです。

サービス提供の方法を工夫するとは、行政のカネの使い方を見直すことです。行政丸抱えでサービスを提供するのではなく、民間の力をうまく使う視点も重要となります。

また、技術革新の取り込みは、簡単に言えば、日ごろインターネットを利用しない高齢者であっても、ヒューマンインターフェースを改善することなどによって、知らず知らずにその恩恵を受けられるようにすることです。例えば、自動運転技術による高齢者の送迎やロボットによる生活支援がこれにあたります。

道路と交通の予算を一本化する

まず、行政の持っているカネの使い方を、地域の持続性向上に資する形に変えていくことを考えてみましょう。例えば、中山間地域への影響が大きいカネの使途という意味では、道路と交通の予算を一本化することがあげられます。

すでに日本の道路需要（自動車走行距離）は、貨物部門の趨勢的な需要減を背景に、旅客部門（マイカーを含む）と合わせても、２００３年度以降、頭打ち状態にあります。今後おとずれる人口減少により、需要は減少に転じることが予想されます。このため、道路新設よりも、路線バスや路面電車の再編などに予算を振り向けるべきであると考える自治体が徐々に増加してくるでしょう。

そこで、交通政策を、路線バスの維持や再編という狭い範囲でとらえるのではなく、地域における移動の容易さ（モビリティ）を確保するための政策として、鉄道や道路まで含めて包括的に政策形成や予算配分を行うことが求められるようになります。現在、モビリティに関する政策は、国土交通省の自動車局、鉄道局、道路局に分かれて事務が行われ、予算も明確に分かれています。

少し古いデータになりますが、国土交通省の資料によれば、全国には3・8万系統のバス路線が存在します（２００８年度）。そのうちの74％に相当する2・8万系統が赤字運営です。2・8万の赤字系統の61％にあたる1・7万系統が、公的補助を受けずに運行されているため、これらは絶えず廃止・減便の危機にさらされていると考えられます。

では、2・8万系統に及ぶ赤字路線は、いったいどれだけの赤字を抱え運行されているのでしょうか。赤字路線の総赤字額は2700億円であり、1系統あたりに換算するとおよそ1000万円です。地域や会社によって異なるのでしょうが、おおよそ運転手の人件費＋α程度であると考えられます。全国の事業者や自治体が、運転手の人件費に相当する総額2700億円を捻出できずに、バス路線の維持に汲々としている状況です。

一方で、日本全体で道路新設のための年間予算はおよそ4兆円（2012年度）に達します。赤字垂れ流しとなることは好ましくありませんが、道路新設予算の一部をバス路線の維持・拡充に組み替えるという発想があってもよいのではないでしょうか。

近年、ビッグデータの解析などICTによるバス事業者の収益性向上に向けた取り組みが進み始めています。こうした事業者の取り組みを後押しするためにも、地域の道路・鉄道・バスに関する政策側の垣根を取り払い、モビリティを担保するための予算を一括して県や市町村に配分し、各自治体の責任において道路の新設・維持補修や公共交通の再編に割り振ることで、効率性の高い交通政策を目指すことが望まれます。

交通政策を一本化することで、既設道路設備の有効活用も図られます。例えば、近年、地方においても若い世代を中心に自動車離れが進んでおり、今後は徐々にバスや自転車の必要性が高まります。当然、ＢＲＴレーンや自転車専用道（レーン）の整備拡充を求める声が高まってくるでしょう。道路運用の見直しを進める上でも、道路と交通の政策の一本化が望まれます。

しかし、このようなことをわざわざ項を立ててまで取り上げる必要があるのでしょうか。バスも道路も、大もとをたどれば国土交通省が所管しています。したがって、両者の予算を一本化して地方自治体に分配することは、それほど高いハードルには思えません。

しかし、あまり公に語られることはありませんが、交通政策は同省の中でも旧運輸省の自動車局、鉄道局が所管し、道路政策は旧建設省の道路局が所管しており、両者の垣根は外部の人間が感じる以上に高いようです。いまだに、地方に設置される国土交通省の支局も、交通系を所管する運輸局と、道路整備など建設系を担う地方整備局に分かれています。

行政組織がどのような形に割れていようと、カネに色をつけて分配することはせず、国民のモビリティを担保することを目的として予算を一本化し、使途は地方自治体の判断に委ねるべきです。国としては、地方自治体が一本化された予算を道路にのみ配分し、バスを走らすことができなくなったとしても、それは地域の責任であるとの割り切りも必要です。

箱物行政からの脱却

高齢者が中心で、技術革新やインフラ整備の恩恵を受けられない集落で、人口減少による利便性の低下を抑えて持続可能な状況に引き上げるためには、さまざまなサービスの提供方法に工夫を加えることが必要です。

ここまでみてきたように、人口減少に備えてコンパクトシティが求められているものの、その実態は都市域の拡大と新僻地集落の形成など、逆の動きが生じており、居住エリアの拡大が依然として進行しています。そのため、各所で人口密度の低下が進むため、低コスト・省力化に配慮しつつ、富山市が取り組んでいるような、さまざまな都市機能や公共サービスへの住民のアクセシビリティの向上が必要となります。

政府は、「コンパクト＋ネットワーク」という新たな都市デザインコンセプトを打ち出しました。これは、集住を原則とする従来型のコンパクトシティに加え、生活に必要不可欠なサービス供給の担い手を「小さな拠点」に集約し、合わせて公共交通を充実させることで、住宅や集落が散在する地域の利便性維持を図るものです。2014年に国土交通省が作成した「国土のグランドデザイン2050」によれば、こうした拠点は、地域住民の日常生活を維持することを目的とした「守りの砦」のみならず、例えば道の駅などと連携することで新たな雇用を生み出す「攻めの砦」となることも期待されています。

では、この「小さな拠点」とはどのようなものをイメージすればよいのでしょうか。これまでコンパクトシティが失敗とされてきた一因に、箱物行政があります。機能集約のシンボルとして、多機能複合施設を中心市街地に建設する例が全国に散見されましたが、これらは従来の箱物行政の域を出ることなく、あまりうまくいったとは言えません。

逆に、建設・維持費の負担が自治体財政に重くのしかかってしまっているような地域もあります。地域に空き施設があるにもかかわらず、国からの資金的裏付けがあるために、必要性の有無を十分に吟味することなくシンボル施設が建設されてしまったのです。

「小さな拠点」は、過去の失敗を踏まえれば、住民から本当に必要とされる施設であることが望まれます。公共交通の結節点であり、医療・介護の拠点であるとともに、日常生活に必要不可欠な品物を調達できる商業施設が集積していることが望まれます。もちろん、公的なサービスの提供を担う役場機能も必要となるでしょう。

今ある民間のヒトとモノの流れを生かす

小さな拠点を設置する上で、人の流れ（動線）に配慮することが必要です。新たに拠点となる施設を建設して、地域住民にそれまでとは異なる動線を求めても、新たな拠点に人が集まらないといった結果につながる恐れがあります。中山間地域では、長い歴史の中で形作られてきた人の動線があります。地元の人々の動線から外れたエリアに新たな拠点を設けても、人の流れをつかむことは難しいと考えられます。

地方には、廃校となった学校施設や旧役場、利用頻度の低い福祉施設などが多数点在します。こうした施設は、もともと地域の中心に位置し、施設が現役であった当時には一定の人の流れがあったと考えられ、小さな拠点にふさわしいと言えるでしょう。

国土交通省が小さな拠点の優良事例[注4]として取り上げたのは、従来からの人の流れをうまく生かした高知県四万十市の株式会社大宮産業です。大宮産業については、すでに第4章で地域課題の解決を図る「何でも屋」として紹介しています。集落唯一のガソリンスタンドと貴重な商店を担い、地域の持続性を高める中核的な存在として、今も地域住民の動線の真ん中に位置しています。

地方都市では、郊外に大型ショッピングセンターが作られ人の流れが大きく変わりましたが、すでにこうした民間施設が、地域の人とモノの流れの中心になりつつあるといってよいのではないでしょうか。こうした状況を受け、すでにショッピングセンターの一部の店舗が地域における公的な役割を担い始めています。

現状では限られた店舗の取り組みに過ぎませんが、市役所出張所、保育所、デイサービス、バスターミナル、パークアンドライドの駐車場とバス停、観光案内所、図書館、イベントスペース、公民館、コミュニティホール、運動場、地域産品販売所、津波避難所の設置や障がい者授産施設の商品取り扱いなど、多様な行政サービスの提供が行われ始めているのです。[注5]

地域によっては、ショッピングセンターが小さな拠点となる可能性は十分にあると言えるでしょう。同様の理由によって、コンビニエンスストアなどの商業施設や学校、病院なども要件を満たす可能性が高いと考えられます。

では、なぜ小さな拠点の設置の際に、地域住民の動線に配慮する必要があるのでしょうか。ある自治体のパークアンドバスライドの例を取り上げます。ある地方自治体で、通勤時間帯の交通渋滞緩和を図るため、郊外の公有地を駐車場とバスの出発地点に設定し、パークアンドバスライドの実証実験を複数回実施しました。しかし、利用者は伸びず、目立った渋滞緩和の効果は得られませんでした。

しかし、駐車場とバス停を、何もない公有地から大型ショッピングセンターの駐車場に変更した途端、目にみえる利用者の増加がありました。要は、人の動線を無視して、何の利便性も期待できないところに駐車場やバス停を設定しても、利用者からの支持は得られないということです。行き帰りに、買い物だけでなく多様なサービスの提供拠点となっているショッピングセンターに立ち寄ることには必然性があり、パークアンドバスライドの利用者増につながったと考えられます。

新たにインフラ投資をしなくても、既存施設の活用や民間企業との連携により、十分な公共サービスの提供が可能となる地域もあるでしょう。新たに公共施設を建設するのではなく、すでにある民間が生み出す人とモノの流れをうまく活用することを意味する「オペレーション型の都市政策」の発想により拠点を整備し、地域住民の暮らしを守る砦としていく視点が必要です。

ここで用いたオペレーション型の都市政策という言葉は、すでにあるインフラや民間の技術などをうまく活用、もしくは運用することで、都市や地域の暮らしの持続性を高める政策運営を指しています。新たにインフラ投資を行うことで課題を解決しようという従来型の政策運営との対比で用いています。

例えば、既存の幹線道路が渋滞する際、新たにバイパスを作るという従来型の発想ではなく、すでにある道路をうまく活用しつつ、一部改良を加えて、道路の一部をＢＲＴや路面電車、自転車などとシェアすることで渋滞を回避するような都市政策です。人口減少下、限られた財源の中では、必要不可欠な発想と言えるでしょう。

無人化・自動化技術は過疎地域でこそ生きる

ＩＣＴなどの技術革新の恩恵を、普段インターネットなどに触れない高齢者層にも行きわたらせることで、中山間地域での暮らしは大きく変わることが予想されます。人口密度の低下によってサービス供給が非効率になるばかりか、そもそもサービスの担い手が少なくなる地域では、最新技術の導入による省力化は大都市以上に切実な問題です。

ここからは、どこかの映画でみたような少しＳＦ的な話になるかもしれません。過疎集落に暮らす高齢単身世帯における技術革新の活用について考えてみましょう。

日ごろ話し相手となってくれる人型ロボットが、住人の体調（体温、脈拍、食欲、行動パターン）を管理し、必要に応じて家族や医療機関・介護施設と連絡をとる「見守り」を行います。もちろん、投薬管理も行い、必要なタイミングで必要な薬を住民に渡し、確実に飲むところまでをフォローします。

外出が必要な場合は、最適な移動ルートを選択し、必要に応じて病院や介護施設に予約を入れます。同時に、移動手段を確保するため、自動運転自動車の手配や相乗りさせてくれる車を探すことも必要です。スーパーには晩の食材やお惣菜を発注し、場合によっては家事の一部もこなすでしょうし、家計簿管理はお手の物です。

重要なことは、こうした一連のサービスがキーボードなどによる入力を必要とせず、音声や画像認識、センサーにより入力を行うことです。ヒューマンインターフェースを改善することで、高齢者がそれと感じることなく容易に最新の技術にアクセスすることができるようになるため、過疎集落の暮らしは劇的に改善されるでしょう。

こうした技術革新は決して夢物語ではなく、導入は近いと考えられます。重要なポイントはヒューマンインターフェースの改善であり、サービスを提供する民間事業者の参入です。特区などを導入し、試験的に導入する先行地域が出てくることが望まれます。

さらに、多様なサービスの提供にかかわる関係者が、連携してプラットフォームの構築に協力することが求められます。行政はもちろん、医療・介護関係者、交通事業者、物流事業者、小売事業者のほか、ＩＣＴ関連事業者、リース事業者など、多様な主体の連携が必要となるでしょう。

重要なことは、こうした取り組みを、民間事業者の商売のネタにできるかどうかです。行政が黒子に徹して規制の撤廃などを進め、民間が活動しやすい環境を構築することができれば、人口減少が進む中山間地域においても、人が安心して暮らし続けられるのではないでしょうか。

「何かが足りない」ことで消滅する地域にならない

経済的な基盤が構築され、インターネット環境や道路、物流環境など、郊外での暮らしを支えるインフラが整いつつある地域が増えています。それでもなお、中山間地域に暮らすことが難しい場合もあるでしょう。例えば、第2章で示したように、地域に小学校がなければ、若い世代の居住先として選ばれることは期待できません。

ポイントとなる何かが足りないことで、消滅する地域にならないようにすることが必要です。児童が一時的にいなくなった場合でも、廃校ではなく休校にしておくことのほか、そもそも学校教育のあり方をもっと柔軟なものとすることも一案かもしれません。インターネットを積極的に活用することや、日本では認められていないホームスクーリング[注6]も、将来的には正面から議論することが必要となるかもしれません。

例えば、明確な学校という施設がなくても、インターネットを通じて教育が受けられ、仮想的なホームルーム内に教員やクラスメートがおり、絶えずコンタクトを取ることができるような環境が構築できれば、中山間地域での暮らしの幅は格段に広がるでしょう。
必要なことは、若い世代が暮らしの場として選ぶことができる可能性を残しておくことです。山村留学によって学校を維持していくという選択肢もありますが、すべての地域で児童を確保できるわけではありませんし、非常にコストがかかる手法です。いつでも学校を再開させることができるようにしておくことや、インターネットの利用など可能性の幅を広くしておくことが望まれます。

〈注〉

注1　国勢調査の定義によれば、DID（人口集中地区）とは、市区町村の境域内において、人口密度の高い基本単位区（原則として人口密度が1平方キロメートルあたり4000人以上）が隣接し、かつ、その隣接した基本単位区内の人口が5000人以上となる地域のこと。言い換えれば、4000人／平方キロメートル以上の人口密度があるエリアで、一定規模（5000人）の人口のまとまりがある地域を指します。一般に都市エリアと考えてよく、すべての都道府県に分布し、

注2 最大は埼玉県と愛知県の81カ所、最低は鳥取県の5カ所です。
BRTとは、Bus Rapid Transitの略で、日本語ではバス高速輸送システムです。バス専用レーンを設置しつつ、交差点においてバス優先システムを導入するなど、バスの定時性や速達性を担保する仕組みです。
注3 総務省「過疎地域等における集落の状況に関する現況把握調査 平成23年3月」
注4 国土交通省国土政策研究会『「国土のグランドデザイン2050」が描くこの国の未来』
注5 イオン（株）などの資料より
注6 学校には通学せず、家庭を拠点として教育を行うこと。義務教育課程において、アメリカでは認められていますが、日本では認められていません。

第　7　章

「生き残り」を超えて

消滅するのは「自治体」という枠だけ

「地方消滅」という言葉はとても罪作りです。センセーショナルな言葉にあおられた自治体が、手っ取り早く消滅を防ぐために移住者の取り込みに傾注するのは至極当然です。

各地域で持続的な暮らしが営める仕事が次々と生み出される状況にあれば、地方への移住は日本全体にとって最良の解でしょう。しかし、地方、特に中山間地域で生み出される付加価値の高い仕事に限りがある現状で、大都市への自然な人口移動の流れを逆転させ、東京圏と地方の人口移動を均衡させることはかなり難易度の高い作業です。

そもそも、人口減少が進む日本において、人口を奪い合うこと自体、意味のないことであると考えるべきです。人口の誘致合戦の過熱は不可避となり、補助金などに依存した移住促進策のような目先の人口誘導策が各地でみられることになるでしょう。

冷静に考えてみれば、人口が減少することで消滅するのは自治体という枠であり、地域ではありません。そうした指摘はすでに各所から出てきています。[注1] 人口規模の縮小が自治体の財政運営を非効率なものにするため、単独での存続が難しくなり、市町村合併へと向かうことになります。

しかし、自治体が合併すること自体は、必ずしも個々の住民にとっての不利益には直結しません。合併によって、中山間地域では十分な住民サービスが受けられなくなることへの危惧が生じやすいものの、平成の大合併における地域間のあつれきを経て、私たちは不公平感の発生を抑制する術を蓄積したはずです。

では、地方消滅を食い止めようという取り組みは、いったいだれのために存在するのでしょうか。自治体という既存の枠を維持するために一定の人口を必要とするという発想は、人口減少の日本では砂上の楼閣を追い求めているように映ります。

地方消滅という言葉を文字通り受け取り、地方の都市や集落からだれもいなくなってしまうという認識を持っている人もいるかもしれませんが、地方が直面するさまざまな問題の解決の糸口は、決して補助金などに依存した人口獲得競争にはありません。重要なことは、大都市、中山間地域を問わず、若い世代がより付加価値の高い仕事に就けるような社会を構築することと、人口が減っても安心して暮らし続けられる地域を築くことです。

そもそも極論すれば、1人でも人が暮らす限り、その地域は消滅したとは言えません。逆に、今後技術の発展やインフラ整備の進展が、郊外での暮らしをより持続的なものにすることでしょう。全国隅々にまで張り巡らされたインターネット環境により、郊外で働くことを選択する人もいます。サテライトオフィスのような形態の働き方も普及することでしょう。そして何より、豊かな農地がある限り、農業を生業とする人は必ず地域に暮らし続けます。

人口の減少は避けられず、自治体が合併を選択せざるをえない地域もあるかもしれませんが、それは必ずしも地域や集落の消滅を指すわけではありません。地域の将来を過度に悲観的にとらえ、政策の方向性を誤らないようにすることが必要です。

「生き残り」などと小さいことを考えない

だれしも、暮らす地域が近い将来消滅すると名指しされれば、ネガティブな発想に陥りがちです。何とか生き残ろうと考えてしまうのは当然かもしれません。手っ取り早く生き残りを図ろうとすれば、ごく少数の勝者の他は多数の敗者という、多くの地域には勝ち目のない人口の獲得合戦に参入することになります。

しかし、当面人口が減ることは避けられないものの、それが地域や集落の消滅に直結するわけではありません。たとえ限界集落といえども、「生き残り」などという小さい発想に陥らないことが重要です。生き残りを考えることは、マイナスからスタートし、それを何とかゼロにまで持ち上げることを目指すようなネガティブな取り組みとなりがちです。

しかも、その成果指標は「人口」です。日本全体の人口が減少する時代に、地域や集落の活性化の指標を「人口」に置けば、参加者全員が負ける可能性のあるマイナスサムゲームです。マイナスサムゲームとは、賭けの期待値が掛け金よりも低いゲームのことです。生き残りなどということを考えたがために、目先の人口の維持策に走ってしまうのです。

今考えるべきは、50年、１００年先の将来を見据え、地域の発展を目指すプラス志向の戦略です。それは、地域の資源を活用し、１人ひとりが生み出す富を増やす発想です。農業従事者が減っても、地域の農業生産額が増えていけばいいわけです。また、葉っぱビジネスのように、これまで商品にならなかったものを高付加価値商品に高める努力が望まれます。地域が求めるサービスを、いかに商業ベースに乗せるのかという民間のアイデアも必要でしょう。

中山間地域における地域作りは、心の豊かさや生きがいといった人間的な豊かさを追い求めるのと同時に、住民1人あたりの経済的な豊かさを実現し、たとえ人口が減っても豊かさが実感できる地域を目指すべきです。さらに、人口が減っても、生活上の利便性や快適性が失われないことはもちろん、技術革新などを取り込むことで、これまで以上に暮らしやすい地域を作るのです。

下の世代に対する責任

第2章で示したように、地方、特に農山漁村での暮らしは、都市での暮らしほど多くの所得を必要としないことは事実です。そうしたことを売り文句に、移住希望者への田舎暮らしを売り込む地域もあります。

しかし、特に若い世代は、これからますます貴重になるであろう納税者であり、社会保障の担い手にほかならず、国や社会、地域を経済的に支える人材であることを忘れてはいけません。あまり夢のないことは書きたくはありませんが、すでに全国に作られた社会インフラ、厳しい運営を迫られている社会保障や国・地方の財政、こうした日本という国を維持していく上で必要なコストをだれかが負担しなければならないという事実を、意図的に避けて未来の議論を進めることはできません。

そのだれかとは、いわゆる現役世代であり、今後を考えれば、20代や30代の若い世代、さらには彼らの子どもである将来世代にほかなりません。今の日本は、社会を維持していくために必要なコストを現世代だけでは負担することができずに、その一部をすでに将来世代に負担させる形となっています。

社会を維持するコストは、人口減少に合わせて極力小さくすることが必要ですが、それにも限界があります。将来的には、すでに設置された社会インフラを修繕しながら維持し、一部更新していくだけで、大半のインフラ整備費用が消化されてしまう可能性もあります。[注2] 社会保障費も、高齢者が増える限り、そう簡単に減らすことはできません。

こうした社会的なコストと前の世代の作った負債を今後背負っていかなければいけない若い世代は、そうした状況をばからしく不公平だと感じています。こうした社会に対する不公平感を排除するためにも、彼らがより多くの富を生み出す仕事に就くことができる環境を構築することが、政府や地方自治体をはじめとする行政、産業界、教育機関、およびそれら組織の中で意思決定を行っている上の世代の責務です。

バブル崩壊後に社会に出たものの、すぐに就職することができなかったため、今も低所得に甘んじる人が多いとされるロスジェネ。彼らを生み出したのは、紛れもなくその上の世代の責任です。

上の世代には、下の世代がより豊かで安定した暮らしを営める社会や産業を生み出す責務があるはずです。それが社会の発展であり、経済成長です。社会に出るタイミングが悪かったという一言で片づけ、非正規雇用などでロスジェネを使用し続ける企業経営者や、そうした状況を放置する政府には、彼らに対する責任感が欠如していると言わざるをえません。

各地域が取り組んでいる地方創生戦略にしても、上の世代の無責任な振る舞いを感じる場面が決して少なくありません。当面は補助金などに依存し、その後は低所得での暮らしに陥る世帯が多いことがわかっていながら、心の豊かさや生活費の安さを売りに、若い世代に地方への移住を安易に促すことが横行するようであれば、それは現世代の将来世代に対する裏切り行為です。持続的な社会を維持していくための、年配者としての責任を放棄していることだと考えます。

若い世代には、彼らの生活だけではなく、その子どもの世代を養育し、高い教育を与えるだけの所得が必要です。現在の地方創生戦略において、地方で若い人を誘致している人たちの中に、どれだけそこまでのビジョンを描いている人がいるでしょうか。

地方の郊外は「豊かな田舎」を目指せ

では、地方の中でも大都市ではない中山間地域では、どのような発想で地域作りを進めていけばいいのでしょうか。一言で言えば、豊かな田舎になるということです。そこでの暮らしの中で富を生み出し、社会保障費や税を負担できるだけのしっかりとした生業を持てる人たちの暮らしの場としていくのです。

農林水産業で担い手の育成と言えば、単純に跡継ぎの確保をイメージしますが、これからは農地や山林などの集約を経て食える担い手を育てなければなりません。漁業においても、中核的な担い手への漁業権の集約や開放が必要になると考えられます。ベンチャーを志す若い世代に対しては、近い将来、地域経済の担い手に育ってもらうために、周囲が支援を惜しむべきではありません。

持続的な社会の構築に向け、地域社会のあり方を変えていくのは、やはり地域に暮らす上の世代の役割です。地方創生により国から補助金が下りてくるからと、社会の革新を期すことも自らの責務を顧みることもなく、若い世代を呼び込み、彼らの働きにより、自分たちの暮らしが持続的になればいいと考えることがあってはなりません。

たとえ地域社会に波風を立てたとしても、若い世代がしっかりとした生業を得られるための受け皿作りを地域自らが行い、場合によっては優良農地を率先して若い世代に提供し、漁業権を継承していくなど、自らも血を流すことが必要です。

地方創生は、補助金によって若者を呼び込むことではなく、住んでいる人々が、自ら変わっていくことにほかなりません。

〈注〉

注1　例えば、木下斉「消滅可能性都市のウソ。消えるのは、地方ではなく「地方自治体」である」
http://blogos.com/article/93983/

注2　藤波匠「今後のインフラ投資の在り方を考える―ばらまきから「成長の核」への質的転換―」日本総合研究所、ＪＲＩレビュー　２０１３ Vol.5, No.6

おわりに

地方の再生も都市の発展も、人口が減少する日本の成長の方向性と一致していなければなりません。そのためには、若い世代がより付加価値の高い仕事が得られる環境を作り上げていくことが必要です。今の地方創生戦略が、そうした前提を踏まえたものになっているのか、もう一度考え直すことが求められます。

政府の地方創生戦略は、さまざまな政策により地方で雇用を生み出すことを念頭に置いています。しかし、おそらく地方自治体や地域のレベルでは、いかに若い人を取り込むのかということばかりに目が向き、真摯に付加価値の高い仕事を創造する取り組みには向かっていないことが想像されます。

その最大の要因は、付加価値や賃金の高い仕事を生み出す取り組みを軌道に乗せるには、長い時間を必要とするということです。政府は、2020年までに、東京圏と地方の人口移動を均衡させることを目標としていますが、そうした性急な目標設定が、地方をなりふりかまわぬ人口誘導策に向かわせてしまうと理解すべきです。

また、マスコミや研究者も、東京一極集中が生じ、しかもそれが日本の将来にとってさまざまな問題を引き起こしているという政府の問題設定に何ら疑問を抱くことをせず、議論をスタートさせてはいないでしょうか。また、「限界集落」や「消滅」というキーワードに踊らされ、中山間地域にも新たに集落が増え、人の居住エリアが拡大し続けているということを見落としてはいないでしょうか。

本書で述べてきたように、以上のような前提に基づく議論は、日本という国の将来を誤った方向に導くことになるでしょう。

人口の移動は、経済活力や都市の魅力など、都市の持っている総合的な力の差異により生じているものです。それを補助金などにより逆流させようとすることこそ、日本という国の持続性を危ういものとするでしょう。

そもそも、現在の日本で、本当に東京一極集中という現象が生じているのかどうか、今一度立ち止まって考えるべきです。本書では、確かに東京には人口流入がみられるものの、同時に地方の大都市にも太い流れがあり、一極という状況にはあたらないことを示しました。

東京の大学に通う地方出身の大学生などに聞けば、感覚的にそうした状況を把握することができます。おそらく、彼らのうち大半は、幼馴染みや中学、高校の友人で、東京に出てきているのはごくわずかであると答えるでしょう。

また、人口減少下では、コンパクトシティが求められるという発想に誤りはありませんが、一足飛びに、限界集落をたたみ都市に取り込むべきという発想は明らかに誤りです。限界集落はそう簡単に消滅することはありませんし、実際には消滅集落の何倍もの集落が郊外において新たに生み出されています。

私たちは限界集落という言葉に引っ張られ、それに注目しがちですが、地方を俯瞰でみれば異なる実態がみえてきます。地方の中山間地域は、そこを生業の場にできる人たちの豊かな暮らしの場として、これからも発展させていくことができるはずです。

人口減少が進む日本において考えなければならないことは、次の2点に集約できます。まず、地方の中山間地域であろうと、東京であろうと、1人ひとりが生み出す富を増やし、若い世代の所得を引き上げることです。特に中山間地域では、受け入れ側が身を切る覚悟で、若い世代が定着しやすい環境を創造することが必要です。

さらに、人口減少に備え、人が減っても暮らし続けることができる環境を作ることです。すでにインターネット環境や社会インフラなど、郊外でも暮らしやすい状況が作られつつあります。そうした取り組みをさらに進め、高齢者の暮らしを支えることが必要です。

地方から若い世代を吸い上げ、それにより地方が消滅するという、現実に生じている実態とは異なる「東京悪玉説」から脱却すべきです。それぞれの地域が成長の方向性を模索し、その経済的活力に見合った若い世代を受け入れていくという当たり前の戦略に、今一度立ち戻ることが望まれます。

近代日本がこれまでほとんど経験したことのない人口減少という危機をばねに、地方はより力強く、より柔軟な新しい暮らしの場へと成長していくことになるでしょう。

藤波 匠 ふじなみ・たくみ

日本総合研究所 調査部上席主任研究員。1992年、東京農工大学農学研究科環境保護学専攻修士課程修了。同年東芝入社。1999年、さくら総合研究所入社。2001年、日本総合研究所調査部、2003年、山梨総合研究所出向などを経て2008年から現職。主として地方再生の研究に従事。著書に『地方都市再生論』（日本経済新聞出版社）がある。

日経プレミアシリーズ 302

人《じん》口《こう》減《げん》が地《ち》方《ほう》を強《つよ》くする

二〇一六年四月 八 日 一刷
二〇一六年四月二八日 二刷

著者 藤波 匠

発行者 斎藤修一

発行所 日本経済新聞出版社
http://www.nikkeibook.com/
東京都千代田区大手町一―三―七 〒一〇〇―八〇六六
電話（〇三）三二七〇―〇二五一（代）

装幀 ベターデイズ

組版 朝日メディアインターナショナル

印刷・製本 凸版印刷株式会社

ISBN 978-4-532-26302-7 Printed in Japan

日経プレミアシリーズ 274

経済学のセンスを磨く

大竹文雄

軽減税率は高額所得者への優遇政策、レタスの価格が原価割れすると出荷しないという農家の選択は間違い。常識に反しているように見える話も、〝経済学の考え方〟を交えて読み解けば、納得できる！　普段の私たちの行動が経済合理性からどれだけズレているかを知ることで、経済学のセンスを身につける。

日経プレミアシリーズ 211

日本経済論の罪と罰

小峰隆夫

脱成長論、人口減少・市場縮小論、公共投資主導型成長論、反ＴＰＰ論――。ひょっとしてあなたもこれらの考えを信じていませんか。もっともらしく聞こえる「経済論」の多くは間違いなのです。日本を衰退させる危ない議論を一刀両断する。

日経プレミアシリーズ 298

資本主義がわかる本棚

水野和夫

文学、社会学、哲学、宗教、科学史……幅広いジャンルの本を読んでいくと、あるときふと、点と点がつながって、一つのテーマが浮かび、形になる。ブローデル『地中海』、シュミット『政治神学』からピケティ『21世紀の資本』まで、「資本主義の終焉」を唱える著者が、53冊の書評から、グローバル資本主義の命運を占う。

日経プレミアシリーズ290

大格差社会アメリカの資本主義

吉松 崇

2015年、ピケティ『21世紀の資本』がアメリカで特異な論争を巻き起こした。その背景にあるのは、日本とは比較にならないほどの「大格差」である――10年以上の在米経験を持ち、リーマン・ブラザーズに勤務、ウォール・ストリートを内部から知る著者が、知られざる現代アメリカの格差社会の深層とその行方を探る。

日経プレミアシリーズ243

日本政治 ひざ打ち問答

御厨 貴・芹川洋一

政治ニュースの裏には、そんな人間ドラマがあったのか！ オーラルヒストリーの第一人者である政治学者と豊富な取材経験を持つ新聞記者、同窓生2人が本音で繰り広げる政治対談。安倍政権の中間評価、民主党の失敗の教訓、政党政治の真髄など、表と裏から理解する日本政治の奥の奥。

日経プレミアシリーズ234

日本経済を変えた戦後67の転機

日本経済新聞社

財閥解体、オイルショック、バブル崩壊、金融危機――。戦後の様々な経済の転機は、今日の日本にどのような影響を与えているのか？ 日本経済新聞社のベテラン記者が今日の視点からその衝撃と対応を再点検し、何を活かすべきかを問う。

日経プレミアシリーズ 225

社会保障を立て直す
借金依存からの脱却

八代尚宏

財政赤字拡大の最大の要因は社会保障費の膨張にある。仕組みを大改革しないことには社会保障のみならず、日本財政の破綻リスクも免れない。高齢者を一律に弱者とする政策を早くから批判してきた著者が、年金、医療保険、医療、介護、生活保護にわたり現行制度の問題を鋭く追究し、抜本的な立て直し策を提示する。

日経プレミアシリーズ 216

初歩からの世界経済

日本経済新聞社 編

シェールガス革命、米中の「クール・ウォー」、LIBOR問題、中国の隠れ借金――日本経済も、世界の出来事と無縁ではありません。日経新聞の人気連載を大幅加筆のうえ書籍化。現代世界を理解するため「これだけは知っておきたい」論点を、国際部の記者がやさしく解説します。

日経プレミアシリーズ 294

中韓産業スパイ

渋谷高弘

新日鉄住金がポスコによる技術窃盗の証拠をつかんだのは韓国人密告者の「怪文書」がきっかけだった――90年代半ばから韓国・中国企業に日本の先端技術が流出し続けている。彼らはどのような手口を使うのか。産業スパイへの対抗策はないのか。日経の編集委員が深淵に迫る！

日経プレミアシリーズ293

中国バブル崩壊

日本経済新聞社　編

急激な株価下落と異例の株価対策。人民元の切り下げに端を発した世界同時株安——中国政府の統制がきかず、経済がクラッシュする「悪夢」が現実のものとなったとき、世界は、日本はどうなるのか。国内と世界各地に駐在する市場・経済担当記者が総力を挙げて描き出す！

日経プレミアシリーズ291

世界の軍事情勢と日本の危機

高坂哲郎

20XX年、複合戦に日本が沈む——。周辺国や過激派組織が国際秩序のルール変更に挑み、戦争の形態も激変しつつある現在、我々は安全保障体制の弱点を修正できずにいる。いま世界で何が起こり、どんな脅威があり、日本人の命をどう守るべきなのか。現実的かつ骨太の軍事・安保論が登場。

日経プレミアシリーズ285

反資本主義の亡霊

原田　泰

なぜ、資本主義は悪者扱いされるのか？　資本主義の生み出す豊かさこそが、格差を縮小し、環境を保全し、労働条件を高め、福祉や文化を発展させているのである——我が国に根強く残る〝反資本主義〟の誤りを歴史的・思想的な観点から指摘、資本主義の再評価を試みる。

日経プレミアシリーズ223

統計データが語る日本人の大きな誤解

本川 裕

統計ブームのなかで見逃されがちなもう一つの意味。統計データには隠された真実を明らかにし、誤解を解き放つ力がある――。わかりやすく豊富な統計データサイトとして知られる「社会実情データ図録」主宰者が、長年にわたり収集した膨大なデータをもとに、経済から生活、健康、価値観にわたり、巷間に流布する通説の誤りを明らかにし、誤解の発生メカニズムを解き明かす。

日経プレミアシリーズ204

金融依存の経済はどこへ向かうのか
米欧金融危機の教訓

池尾和人＋21世紀政策研究所編

いま経済は、大規模な金融緩和への依存度をますます強めている。この実態は、どのような状況を招き得るのか。リーマンショック、欧州債務危機の経験から、私たちは何を学ぶべきなのか――。一級の研究者が、金融と実体経済の関係について、多様な側面から検証する。

日経プレミアシリーズ141

日本破綻を防ぐ2つのプラン

小黒一正 小林慶一郎

日本に破綻の危機が迫る。いま何をすべきか。正攻法は社会保障と税を抜本的に見直し、世代間不公平の解消を通じて再生を図る「プランA」だ。しかし、政治が混迷を深めるいま、官民一体となった対外投資によって、改革までの時間を稼ぎ、ダメージを和らげる政策、「プランB」も必要だ――。気鋭の研究者が日本の再生と成長への方策を大胆に提言。